Intertextualität

Anabel Ternès

Intertextualität

Der Text als Collage

Unter Mitarbeit von Jelena Haidinger

 Springer VS

Prof. Dr. Anabel Ternès
Institut für Nachhaltiges Management
Berlin, Deutschland

ISBN 978-3-658-12791-6   ISBN 978-3-658-12792-3 (eBook)
DOI 10.1007/978-3-658-12792-3

Die Deutsche Nationalbibliothek verzeichnet diese Publikation in der Deutschen Nationalbi-
bliografie; detaillierte bibliografische Daten sind im Internet über http://dnb.d-nb.de abrufbar.

Springer VS

Gedruckt auf säurefreiem und chlorfrei gebleichtem Papier

Springer VS ist Teil von Springer Nature
Die eingetragene Gesellschaft ist Springer Fachmedien Wiesbaden GmbH

Inhaltsverzeichnis

Vorwort: Texte als Collagen – warum sie recycelte Informationen sind

Nicht erst seit dem Nationalsozialismus wissen wir, Worte können töten. Worte sind mächtig. Ihre Wahl, Aussprache und Zusammenstellung lenkt gesellschaftliche Strömungen, steuert Stimmungen, beeinflusst politische Entscheidungen. Und doch sprechen viele von der Machtlosigkeit der Medien. Den Organen, deren Instrument Worte, Texte sind. Die offizielle vierte Gewalt ist scheinbar nicht mehr da. Google, Wikipedia und die GuteFrage.nets des Internets haben übernommen. Und die Zeitung, das Buch und das Lexikon verdrängt.

Statt gut recherchierter Inhalte gewinnt der Instant-Content. Vielfach verwertbar, kaum geprüft. Ohne Hintergrundinformation zu jeder Zeit abrufbar. Wir können Kurzzeitexperten zum Nestbau der Rotkehlchens sein, ohne überhaupt zu wissen, wie der Vogel aussieht. Für einen Tag Experte. Am nächsten Tag vergessen.

Nach dem Buchdrucker wird der Journalist entmachtet. Schnelligkeit statt Qualität. Digitalisierung, Informationsflut. Die ständige Angst, Information zu verpassen. Oder die falsche Information zu bekommen. Wem schon die Neue Rechtschreibreform die Heimat vieler Wörter genommen hat, dem fällt es nach 9/11, Fukushima, NSA, CIA und vielen anderen Vertrauenskrisen zunehmend schwer, zu unterscheiden, was wahr und echt und was Fälschung ist, wem und was man vertrauen kann.

Die Beschäftigung mit dem Wort, mit seiner Umgebung, seiner Herkunft, seiner Interaktion und seiner Wirkung kann das geben, wonach viele Menschen wieder suchen: ein fast kontemplatives Vertiefen in verdichtete Inhalte.

Einleitung: Wider den Vorwurf, Intertextualität sei ein „alter Hut"[1]

Bei der vorliegenden Arbeit handelt es sich um einen kritischen Forschungsbericht. Das Hauptziel der vorliegenden Arbeit liegt darin, eine Semiotik der Intertextualität zu entwickeln. Für dieses Projekt bedarf es einer EINORDNUNG der verschiedenen Dimensionen der Intertextualität und einer sukzessiven Engführung von Intertextualität.

Der Begriff Intertextualität beschreibt die Beziehungen zwischen Texten. Diese Definition klingt banal, solange man ungeklärt lässt, um welche Art von Beziehungen und um welche Art von Texten es sich handelt. Die Literaturwissenschaften haben sich mit den verschiedenen Formen der Bezugnahme eines Textes auf einen anderen seit langer Zeit beschäftigt, Verweise auf andere Texte sind von Schriftstellern immer schon praktiziert worden.[2]

Dieser Tatbestand hat dem Intertextualitätskonzept innerhalb der Literaturwissenschaften Vorwurf eingebracht, nur alter Wein in neuen Schläuchen zu sein. „Hut Hütchen oder alter Hut?"[3] überschreibt Waltraud Wiethölter daher auch einen kritischen Artikel zum Thema Intertextualität.

In einem ersten Zugriff auf das Thema der Arbeit sollen daher Anknüpfungspunkte und Neuansätze des Intertextualitätskonzepte dargestellt sowie ein Ausblick auf die Verbindung zwischen Theorie und intertextueller Praxis gegeben werden. Was ist das vermeintlich Alte, und was ist das Neue an Theorie und Methode der Intertextualität?

---

[1] Wiethölter 1992, S. 16.

[2] Vgl. Pfister 1994, S. 215.

[3] Wiethölter 1992, S. 16.

1. Theorien von Intertextualität

1.1 Zwischen Imitation und Inspiration – die traditionelle Forschung zu den Beziehungen zwischen Texten

Fragen nach den Relationen zwischen Texten werden nicht erst seit der Geburt des Terminus Intertextualität gestellt, noch werden sie erst seither beantwortet. Die Literaturwissenschaft verfügt über eine Reihe von Disziplinen, die sich mit diesem Thema lange und intensiv beschäftigt haben: Editionsphilologie, Themen- und Motivforschung, die Forschung zum Zitat, zur Parodie usw. sowie die in den 70er Jahren populäre Analyse der Produktiven Rezeption haben die verschiedenen Manifestationsformen des Rekurses auf einen anderen Text oder eine Gattungstradition und die verschiedenen Möglichkeiten der Implementierung fremden Textmaterials in einen neuen Text beschrieben und historisch aufgearbeitet.

Als Paradigma für eine literaturwissenschaftliche Disziplin, die sich mit intertextuellen Phänomenen beschäftigt, steht die Forschung zum Buch im Buch. Dieses relativ begrenzte Gebiet der Motiv- und Themenforschung beschäftigt sich mit dem Auftreten eines bereits geschriebenen Buches oder seiner Helden in einem neuen literarischen Werk und den fiktiven Figuren als Leser von Literatur in der Literatur. Beispiele für diese Form des Text-Text-Kontakts reichen von Cervantes Don Quijote bis zu Plenzdorfs Neuen Leiden des jungen W.

An der Motivforschung zum Buch im Buch lässt sich aufzeigen, wie die traditionelle Forschung zu den Beziehungen zwischen zwei oder mehreren Texten schwankt, wie Morgan es ausdrückt, zwischen „the Scylla of source-hunting and the Charybdis of personality workship".[4]

Auf der einen Seite begibt sich die Literaturwissenschaft auf die Suche nach den Textpassagen anderer Autoren, anderer Werke des gleichen Autors, die von diesem zitiert, imitiert oder parodiert werden. Dabei gilt, dass das literaturwissenschaftliche Augenmerk lediglich auf den späteren Text gerichtet ist. Die Forschung zum Buch im Buch diskutiert die Funktionen des abgeschlossenen älteren Werkes für das zitierende jüngere Werk. Das Motiv vom Buch im Buch dient der Charakterisierung der lesenden Figur[5] und der zusätzlichen Motivierung der Handlungsführung.[6] Eine mögliche Reziprozität der Textbeziehung wird nicht in den Blick genommen. Dies liegt daran, dass dem zitierten Text als eine Art Ur-Text eine

---

[4] Morgan 1985, S. 5.

[5] Vgl. Stückrath 1984, S. 107, Wuthenow 1980, S. 18 und Japp 1975, S. 659.

[6] Vgl. Goebel 1972, S. 49.

höhere Wertigkeit zugesprochen wird als dem zitierenden Text, da ersterer als Quelle[7] und literarisches Vorbild für den letzteren fungiert hat.

Der beeinflusste Text ist der spätere, der ohne den früheren nicht oder als ein anderer entstanden wäre. Aber so wichtig der frühere Text für den späteren sein mag. Er selbst bleibt nach der geläufigen Auffassung von der Wirkung, die er hat, unbetroffen. Er gilt als unveränderlich beständiger, für den alles, was nach ihm geschieht, irrelevant ist: „Diese Frage konnten der traditionellen Einflussforschung und Motivforschung gar nicht in den Blick kommen, betrachtete sie doch die intertextuellen Phänomene ausschließlich aus der Perspektive des zeitlich ersten Textes, der als aktiver Motivspender für spätere, passiv rezipierende Texte erschien."[8]

Das Buch im Buch gilt als „sekundäres, nämlich in hohem Maße kulturspezifisches Motiv"[9], da sich hier Literatur wieder auf Literatur bezieht – und damit auf eine fiktive und nicht auf die reale Welt. Diese Verdoppelung der Fiktion kann zwar zu einem „literarischen Hermetismus"[10] führen, d. h. zu einer Form von Literatur, die selbstreferentiell ihre eigenen Traditionen thematisiert. Die Bezugnahme von Literatur auf Literatur wird jedoch als evolutionistischer Prozess gedacht und nicht als Circulus Vitiosus.

Auf der anderen Seite geht man davon aus, dass der Autor als sinnstiftendes Subjekt in der Lage ist, sich selbst bei expliziter Bezugnahme auf einen fremden Text die Tradition anzueignen, ohne in einen Prozess der Sinndynamisierung zu geraten. Das Buch im Buch erhöht die Komplexität der fiktiven Welt, der Held als Leser dient der Lenkung des realen Lesers durch den Autor.[11]

Die Motivforschung konstatiert zwar ansatzweise eine Brüchigkeit der dichterischen Integrität. Doch diese demonstriert dem Leser lediglich, wie die Welt des Autors und damit auch seine eigene Lebenswelt von Texten determiniert ist:

> „Es lässt sich nicht leugnen, dass dem literarischen Zitat, als Bezugnahme und Anspielung von Buch auf Buch, von Literatur auf Literatur, etwas Mittelbares und Abgeleitetes anhaftet, das sich mit irgendeiner idealen Vorstellung von schöpferischer Spontaneität und dichterischer Ursprünglichkeit nur schwer in Einklang bringen lässt."[12]

---

[7] Vgl. Goetsch 1983, S. 208 und Wuthenow 1980, S. 18.

[8] Schmid 1983, S. 143. Vgl. Frey 1990, S. 19.

[9] Wolpers 1986, S. 11.

[10] Japp 1975, S. 669.

[11] Vgl. Goetsch 1983, S. 199 und Ziolkowski 1981, S. 176.

[12] Meyer 1967, S. 89-90.

Von der Vorstellung, dass der Autor sich aufgrund einer (neoklassischen) Kunstfertigkeit oder seines (romantischen) Genies vom Druck der literarischen Tradition befreien, das Sinnpotential überkommener literarischer Elemente und Motive bändigen und neue literarischen Formen hervorbringen kann, wird kein Abstand genommen.

Mit Forschungsrichtungen wie den motivgeschichtlichen Untersuchungen zum Buch im Buch sind demnach bestimmte Vorstellungen über den Autor, sein literarisches Produkt und darin impliziert auch über den Leser verbunden. Ein Intertextualitäts - Konzept, das mehr sein will als ein „alter Hut", wird daran zu messen sein, inwieweit es das Verhältnis zwischen Autor, Text und Prätext neu definiert und zwischen Einflussphilologie und Autonomieästhetik neue Wege beschreitet.

1.2 Sinnkonstitution als Textspielverfahren – die Literaturtheorie des französischen Intertextualitätskonzepts

Eine Reduzierung des Intertextualitätskonzeptes auf die traditionelle Forschung zu Zitationstechniken verbietet sich schon aufgrund der Entstehungsgeschichte des Begriffes Intertextualität. Kristeva definiert in Auseinandersetzung mit den Schriften des russischen Literaturtheoretikers Michail Bachtin Intertextualität als „Überlagerung von Text-Ebenen, als Dialog verschiedener Schreibweisen".[13]

Was Kristeva intendiert, ist zum einen eine Dynamisierung des Strukturalismus durch die Auffassung, dass „die literarische Struktur nicht ist, sondern sich erst aus der Beziehung zu einer anderen Struktur herstellt."[14] Diese Vorstellung gilt auch für das Problem der Sinnkonstitution: Die traditionelle Forschung zu den Beziehungen zwischen Texten geht davon aus, dass der zitierende Text sich der Textelemente eines fremden Textes bedient, d. h. sie in seine Struktur integriert, während der zitierte Text von diesem Prozess unangetastet bleibt. Das Zitat erhält seinen Sinn durch den es umgebenden neuen Kontext.

Im Gegensatz dazu gehen Kristeva und die mit ihr assoziierten Literaturkritiker der Gruppe Tel Quel davon aus, dass erst der Dialog, die Verweisungsmechanismen zwischen Text und Prätext den Sinn beider Texte konstituieren. Textsinn ist demnach Effekt eines Textspielverfahrens.

---

[13] Kristeva 1972, S. 346.
[14] Ebd.

Die telquelistische Texttheorie geht insofern über die klassische Konzeption der Literatur hinaus, als für sie der Sinn keine Gegebenheit ist, die nur noch mittels einer instrumentalen Zeichenstruktur darzustellen wäre, sondern Sinn wird im Text erzeugt, und zwar durch Transformation, Auflösung, Be- und Verarbeitung bereits bestehenden Sinns, der immer in Textform vorliegt. Ein anderer Name für diese Auffassung von Sinnproduktion ist der Begriff Intertextualität.[15]

Zum anderen sollte durch den Terminus Intertextualität auch der subjektorientierten Philologie eine radikale Absage erteilt werden. Jeder Text baut sich als Mosaik von Zitaten auf, jeder Text ist Absorption und Transformation eines anderen Textes. An die Stelle des Begriffs der Intersubjektivität tritt der Begriff Intertextualität, und die poetische Sprache lässt sich zumindest als eine doppelte lesen.[16] Mithilfe des Intertextualitätskonzeptes rebellieren die Telquelisten gegen einen, von ihnen als bürgerlich eingestuften Textbegriff, der nur das schreibende Subjekt als Garant für den Sinn eines Textes anerkennt, dem Text eine Art sakralen Charakter zuspricht und dem Leser die Rolle des Interpreten dieses evidenten und kohärenten Sinns übriglässt.[17]

Demgegenüber proklamiert die Gruppe Tel Quel in Einklang mit dem sprachphilosophischen Ideengut der französischen Poststrukturalisten und Diskurstheoretiker wie Derrida, Lacan und Foucault nach Barthes nicht nur den „Tod des Autors", sondern formulieren auch ihr Konzept: jedem Schreiben ist nach dieser Vorstellung ein produktives Lesen vorausgegangen, jedes Lesen ist ein produktives (Neu) Schreiben des Textes.[18] Die Bedeutung des Begriffs Texte ist auf jede semiotische Praxis erweitert worden, die Summe aller Texte ist nach Kristeva der Gesellschafts- oder Kulturtext oder nach Derrida der texte generale.

1.3 „Literatur der Erschöpfung" – zum Verhältnis von Intertextualität und Postmoderne

Genauso wenig, wie Intertextualitätskonzepte völlig neue Methoden zur Erfassung von Beziehungen zwischen Texten entwickeln, so wenig rekurrieren sie dabei auf ein bisher unbekanntes Phänomen. Die Geschichte der literarischen Schreibweisen, die explizit und implizit auf andere Texte Bezug nehmen, ist genau so alt, wenn nicht älter, als die Forschung zum Text-Text-Kontakt. An dieser Stelle genügt der

---

[15] Vgl. Brütting 1976, S. 123 und Lachmann 1983, S. 66-107.

[16] Kristeva 1972, S. 348.

[17] Vgl. Brütting 1976, S. 22-24 und Hempfer 1976, S. 51-53.

[18] Vgl. Kristeva 1972, S. 170f.

Hinweis darauf, dass bereits die klassische Rhetorik die Nachahmung des fremden Wortes als Kunstmittel der literarischen Rede anerkannte.[19]

Diese Schreibpraxis ist von zeitgenössischen Schriftstellern derart intensiviert und radikalisiert worden, dass Intertextualität zum charakteristischen Merkmal einer post-modernen Literatur geworden ist.[20] Das Montieren fremden Textmaterials entspricht der Ästhetik der Postmoderne, die sich mit den Formeln Doppelkodierung und Pluralismus beschreiben lässt. Der Begriff der Doppelkodierung geht auf den Architekten Jencks zurück und meint die bewusste Schizophrenie des Kunstwerks, das Laien wie Kunstexperten anspricht, Trivialitäten wie elitäre ästhetische Codes bedient.[21] Kennzeichen des doppelkodierten Kunstwerks ist daher der Pluralismus, das In- und Miteinander der Stile und Formen, die sich der Text zunutze macht, um mit der literarischen Tradition sein Spiel zu treiben. Welsch definiert danach Postmoderne:

„Postmoderne liegt dort vor, wo ein grundsätzlicher Pluralismus von Spra chen, Modellen, Verfahrensweisen praktiziert wird, und zwar nicht bloß in verschiedenen Werken nebeneinander, sondern in ein und demselben Werk, also interreferentiell."[22]

Als Protagonisten dieser postmodernen Verwertung fremden Textmaterials gelten Autoren wie John Barth, Donald Barthelme und Raymond Federman, Arno Schmidt, Jorge Luis Borges und natürlich Umberto Eco, der in der „Nachschrift zum Namen der Rose" darlegt, wie er eine Liebesszene aus religiösen Zitaten zusammenmontiert hat.[23]

Intertextualität wird von diesen Autoren als die angemessene Art verstanden, literarisch auf einen Zustand zu reagieren, den Barth als Literatur der Erschöpfung gekennzeichnet hat:

„Mit Erschöpfung meine ich nicht etwas Ermüdetes, vergleichbar etwa dem Subjekt physischen, moralischen oder intellektuellen Niedergangs, sondern lediglich die Ausgezehrtheit bestimmter Formen bzw. die Ausgeschöpftheit bestimmter Möglichkeiten."[24]

---

[19] Vgl. Lausberg 1984, S. 156.

[20] Vgl. Ortheil 1994, S. 18, Hoesterery 1988, S. 164f., Pfister 1991, S. 207f. und Eco 1991, S. 82.

[21] Vgl. Ryan 1991, S. 95, Jacobson 1992, S. 201 und Willems 1993, S. 228.

[22] Welsch 1988, S. 15.

[23] Eco 1987, S. 51.

[24] Barth 1987, S. 82.

Der (post-)moderne Schriftsteller wendet eine Art Haltung der Ironie an. Er verwendet bereits Verwendetes,

> „versieht es sozusagen mit distanzierenden Anführungszeichen. [...] Gera de die Explizitheit der Anknüpfung und des Zitats schlägt, indem sie ihre Abhängigkeit von der ungeheuren Masse des Vorgängigen einbekennt, dieser ein Schnippchen. Sie ist der Versuch, sich gegen die Macht der Prätexte offensiv zu behaupten."[25]

Indem eine Theorie der Intertextualität versucht, Formen, Funktionen und Effekte der Bezugnahme auf andere Texte zu beschreiben, stellt sie einen Beitrag dar zu der von Eco in Aussicht gestellten Ästhetik der Wiederholung als adäquate Literaturtheorie im Zeitalter postmoderner Serialität.[26]

---

[25] Landvogt 1990, S. 20, vgl. Eco 1987, S. 78, Barth 1987, S. 84.
[26] Eco 1987, S. 61.

2. Forschungsüberblick

Einen vollständigen Überblick über die Vielzahl an Beiträgen zum Thema Intertextualität geben zu wollen, ist ein großes Unterfangen. Die 1989 erschienene Bibliographie von Hebel verzeichnet über 2.000 Titel zu diesem Themenbereich,[27] wobei die Texte der Initiatoren der Intertextualitätstheorie nicht mitgerechnet sind. Als Gründungsvater gilt der russische Literaturtheoretiker Bachtin. Im Zuge seiner Studien zu Rabelais und Dostojewski entwickelt er in den 30er Jahren sein Konzept der Dialogizität, der Auffassung, dass das Wort sich in einer beständigen Wider-Rede zu anderen Worten befindet. Kristeva nimmt dezidiert Bezug auf Bachtin, als sie ihre Theorie der Intertextualität entwickelt. Dabei akzentuiert sie die Vorstellungen Bachtins anders (s. u.).

Neben Russland wird Frankreich in den 60er Jahren zum neuen, geistigen Zentrum der Intertextualitätstheorie. Bis heute ist es dies geblieben. Neben Kristeva entwerfen vor allem Barthes, Riffaterre, Jenny und Genette eigene Intertextualitätskonzeptionen.

In den USA setzt die Rezeption der Theorien vom Text-Text-Kontakt etwa zehn Jahre später ein. Amerikanische Literaturkritiker, die mit ihren Konzepten der Intertextualität internationale Bekanntheit erlangen, sind Perri, Culler und Bloom sowie die Generation der schriftstellerisch tätigen Literaturwissenschaftler wie Barth, Federman oder Barthelme.

Aufgrund der Tatsache, dass die theoretischen Entwürfe zum Thema Intertextualität hauptsächlich im russischen, französischen und anglo-amerikanischen Sprachraum verfasst worden sind, findet die Diskussion und Adaption der Intertextualitäts-konzeptionen in Deutschland vorrangig im Rahmen der slawischen, romanischen und englischen Philologien statt. Die Slawistin Lachmann veröffentlicht 1982 den ersten deutschsprachigen Sammelband zum Thema Dialogizität,[28] ihm folgt ein Jahr später der Band „Dialog der Texte", herausgegeben von den Slawisten Schmid und Stempel.[29]

---

[27] Vgl. Lachmann 1990, S. 68, Schmeling 1985, S. 233f., Hebel 1989, Perri 1979, S. 178f. und Mai 1991, S. 237f.

[28] Vgl. Lachmann 1982.

[29] Vgl. Schmid & Stempel 1983.

Wegweisend zum Thema ist der Aufsatzband „Intertextualität. Formen, Funktionen, anglistische Fallstudien", der Beiträge aller namhaften deutschsprachlgen Anglisten enthält, die über das Thema Intertextualität arbeiten (Broich, Pfister, Hebel, Plett).[30]

Der germanistische Diskurs über das Thema Intertextualität setzt verspätet ein. Kaum eine der neueren Einführungen diskutiert die grundlegenden Konzepte. Dennoch erfreut sich das Intertextualitätskonzept als Theorie-Rahmen für germanistische Arbeiten zunehmender Beliebtheit: seit Anfang der 90er Jahre wurden nicht nur zahlreiche Dissertationen veröffentlicht, die versuchen, das Konzept der Intertextualität in die germanistische Praxis umzusetzen. Das bibliographische Fachorgan Germanistik verzeichnet auch seither einen enormen Anstieg der Einträge zum Stichwort Intertextualität.[31]

Für viele Dissertationen sowie Aufsätze gilt jedoch, dass Intertextualität eher dekorativ verwendet wird. Die Theorien von Kristeva, Barthes u. a. werden im Namen der Operationalisierbarkeit oft so weit vereinfacht, bis vom Konzept der Intertextualität nur noch ein theoretischer Restbestand übrigbleibt, der sich von der klassischen Zitat-, Allusions- oder Motivforschung kaum mehr unterscheidet.

Auffällig an den deutschen Beiträgen, seien sie nun slawistischer, anglistischer oder germanistischer Provenienz, ist ein restriktiver Zugang zum Thema Intertextualität. Während das Intertextualitätskonzept in Frankreich und den USA eng mit der Ablösung von hermeneutischen und strukturalistischen Zugriffen auf Literatur verbunden ist, haben in der deutschen Forschung poststrukturalistische Theorieangebote ihre Wirkung nur bedingt entfalten können.

Konzeptionen einer Dezentrierung des Subjekts oder Sinndynamisierung, die Text und Prätext gleichermaßen erfassen, bleiben weitgehend unbeachtet. Stattdessen wird versucht, das Intertextualitätskonzept in die hermeneutischen oder strukturalistischen Literaturtheorien zu integrieren und daraus eine vermeintlich präzisere Methode zur Beschreibung von Textbeziehungen zu deduzieren. So zurechtgestutzt, bleibt Intertextualität nur „ein vom Autor markierter Bezug eines literarischen Wortes/Textes zu einem oder mehreren Prätexten."[32]

Daher hat es sich in der deutschen Intertextualitätsforschung eingebürgert, von folgenden Forschungsrichtungen zu sprechen: Progressive und Traditionalisten,[33] postmoderne und hermeneutische Positionen,[34] entgrenzende und eingren-

---

[30] Vgl. Broich & Pfister 1985.

[31] Vgl. Adelsbach 1990, Ahlers 1992, Moennighoff 1991, Kiefer 1994, Hakkarainen 1994.

[32] Adelsbach 1990, S. 14.

[33] Vgl. Plett 1991, S. 3f.

[34] Meier 1993, S. 37.

zende Intertextualitätskonzepte.[35] Diese Dichotomisierung dient vor allem der Ausgrenzung poststrukturalistischer Auffassungen von Literatur und der Restaurierung traditioneller Konzeptionen, d. h. der Literaturkonzepte, denen man sich selbst verpflichtet fühlt.[36] Als Reaktion auf die Tendenz der Literaturwissenschaft, den Terminus Intertextualität mit Quellenkritik gleichzusetzen, ersetzte Kristeva Intertextualität 1974 durch den Begriff Transposition.[37]

---

[35] Müller 1994, S. 154f.

[36] Vgl. Stierle 1983, S. 12f. und Mai 1991, S. 46.

[37] Vgl. Kristeva 1978, S. 69 und Suchsland 1992, S. 83.

19

3. Zur Konzeption der Arbeit

Neuere Beiträge zum Thema Intertextualität schließen all jene Theoriebereiche als arbeitsunpraktisch aus, die sich nicht widerspruchsfrei in traditionelle Konzepte der Literaturwissenschaft einfügen lassen.

Das Intertextualitätskonzept an sich gibt es nicht: „Thus like a chameleon intertextuality constantly changes its aspect following the perspective chosen by the recipient".[38] Dies ist zum einen bereits versucht worden. Zum anderen werden durch diese Form der Präsentation Theorieangebote gegenübergestellt, die unterschiedliche Auffassungen über die Faktoren der literarischen Kommunikation oder über Mechanismen der Sinnkonstitution vertreten.

Wenig sinnvoll ist zudem eine Synopse der Topoi der Intertextualitätsdiskussion. Eine derartige Fragmentierung der Intertextualitätstheorien in Themenkreise wie rezeptions- oder produktionsästhetische Intertextualität, Dominanz von synchronen oder diachronen Textbeziehungen ist hilfreich, um die kaum mehr überschaubare Diskussion zum Thema Intertextualität darzustellen. Diese Technik löst jedoch die einzelnen Momente aus ihrem theoretischen Zusammenhang und vernachlässigt den kultur- und literaturkritischen Impetus einiger Intertextualitätskonzepte.[39]

Holthuis erklärt dazu:

> „So schwierig eine allgemeingültige Definition des Phänomens Intertextualität daher ist, so eindeutig ist die Tatsache, dass eine Festlegung abhängig ist von der zugrunde gelegten Texttheorie und ihren theoretisch methodologischen Implikationen und von der daraus resultierenden Bestimmung des Text-Begriffs selbst. Die Definition von Intertextualität steht und fällt daher mit den ihr unmittelbar zuzuordnenden Kriterien von Text und Textualität."[40]

Diese Arbeit folgt in Teilen Lachmanns Vorschlag, die verschiedenen Konzepte der Intertextualität in vier Dimensionen zu differenzieren.[41] Im Gegensatz zu Lachmann wird die kultur- und literaturkritische Perspektive als zwei verschiedene Dimensionen von Intertextualität verstanden und unterscheidet daher zwischen vier statt wie Lachmann drei Dimensionen. Distinktionskriterium ist dabei der Zugriff auf das Phänomen Text.

---

[38] Plett 1991, S. 22.

[39] Ette 1985, S. 497-523. Vgl. Nubert 1986, S. 63-74, Still & Worton 1990, S. 1f., Clayton & Rothenstein 1991, S. 3f., Pfister 1985 und Harty 1985, S. 1f.

[40] Holthuis 1993, S. 29.

[41] Vgl. Lachmann 1990, S. 56f.

Die kulturkritische Dimension umfasst die Konzepte, die Intertextualität als Organisationstrategie kultureller und diskursiver Wissensformationen definieren. Die literaturkritische Dimension perspektiviert die Theorieangebote zur Intertextualität hinsichtlich ihrer Relativierung traditioneller Kategorien der Literaturwissenschaft.

Im Rahmen der texttheoretischen Dimension wird ein Deskriptionsinstrumentarium für konkrete Formen der Referenzbeziehungen zwischen Texten entwickelt. Die textanalytische Dimension exemplifiziert diese Analysemethode an einem konkreten Textbeispiel.

Der Begriff Dimension verdeutlicht hierbei, dass es sich um Theorie-Schattierungen handelt, d. h. dass die Übergänge zwischen einzelnen Kategorisierungen fließend sind und keine Intertextualitätstheorie einen Typus in Reinform verkörpert. Die Skalierung von kulturkritisch bis textanalytisch trägt einer zunehmenden Spezifizierung des Textbegriffes vom Kulturtext zu konkreten Text-Text-Relationen Rechnung. Die erste und zweite Dimension berücksichtigen eher das signifikant Aktuelle der Intertextualität, während die dritte und vierte Dimension die Neuakzentuierung traditioneller Textforschung kennzeichnen.

4. Vier Dimensionen der Intertextualität

4.1 Intertextualität allen Lebens – die kulturkritische Dimension

Der argentinische Schriftsteller Jorge Luis Borges beginnt seine Erzählung „Die Bibliothek von Babel" mit den Worten „Das Universum, das andere ‚die Bibliothek' nennen".[42] Damit greift er eine Vorstellung auf, die im Rahmen der poststrukturalistischen Literaturtheorien nach Derrida unter dem Stichwort „texte general" diskutiert wird. An die Stelle der langue tritt das konkrete Repertoire des Gedächtnisses, tritt das Ensemble der Texte, die Bibliothek.[43]

Insbesondere der französische Poststrukturalismus geht davon aus, dass die individuelle und kollektive Erfahrungswelt durch Texte organisiert und strukturiert wird. Lebenswelt ist synonym mit einem Universum der Texte, d. h. mit einem Konglomerat all jener Texte, über die eine Kultur synchron und diachron verfügt.

Obwohl für dieses Textuniversum das Bild der Bibliothek bemüht wird, Grivel spricht auch von der „Bibliotheque universal", bezeichnet der Begriff Text gerade nicht die kanonisierten literarischen Texte einer kulturellen Gemeinschaft. Dies ist der bürgerliche Texte-Begriff, von dem sich die Gruppe Tel Quel und die mit ihr assozierten Theoretiker absetzen wollen. Stattdessen erfährt der Terminus „texte" eine radikale Extensivierung, indem er für jede Form semiotischer Praxis, jede Art von kultureller Struktur verwandt wird.[44]

Der Code ist eine Perspektive, eine Luftspiegelung von Strukturen. Wenn er auf das verweist, was geschrieben worden ist, das heisst auf das große Buch der Kultur, des Lebens, des Lebens als Kultur, macht er aus dem Text den Prospekt dieses Buches. Oder auch: jeder Code ist eine der Kräfte, die sich des Textes bemächtigen können, von denen der Text das Netzwerk ist, eine der Stimmen, aus denen der Text gewebt ist.[45]

Jeder neue Text entsteht im sogenannten Universum der Texte und schreibt sich in dieses ein, indem er einen Dialog mit den bereits existierenden Texten beginnt. Dies hat zwei Konsequenzen: Zum einen ist jeder Text nur ein Fragment des texte general, da er die Spuren der textuellen Vergangenheit und Gegenwart in sich trägt. Jeder Text ist demnach ein Intertext, d. h. ein intertextuell

---

[42] Borges 1986, S. 54.

[43] Vgl. Lachmann 1984, S. 512, 1990, S. 388f.

[44] Vgl. Pfister 1985, S. 7, Holthuis 1993, S. 14, Kristeva 1977, S. 194, dies. 1972, S. 346, 1971, S. 500.

[45] Barthes 1987, S. 25.

organisierter Text. Zum anderen kann der texte generale selbst als allgemeiner Intertext klassifiziert werden.

Denn der Kulturtext ist nicht die Summe seiner Textelemente, und damit
ein statisches System von Texten, sondern er ist der Prozess des Wieder-, Wider-
und Umschreibens vorhandener Texte. Der texte general ist daher eine dynamische
Struktur und wie jeder Text als Produktivität gekennzeichnet.[46] Der Text ist also
Produktivität, das bedeutet: er ist eine Permutation von Texten, eine Intertextualität.
In dem Raum eines Textes überschneiden sich mehrere Aussagen, die aus anderen
Texten stammen und interferieren.[47]

Für dieses Strukturmoment hat Derrida den Begriff der differance gebildet. Zum einen deutet differance auf die Opposition Derridas zur europäischen
Philosophie und ihrem Denken in Identitäten. Stattdessen versucht Derrida in
Differenzen zu denken, d. h. „nicht identifizieren, das Andere und das Verschiedene nicht zurückführen auf dasselbe und Gleichartige."[48] Diese Definition verweist
auf den Begründer der modernen Semiotik de Saussure. Dieser bestimmte den
linguistischen Code als eine assoziative Verknüpfung zwischen Signifikanten, signi-
fiant, und Signifikaten, signifie, d. h. zwischen materiellen, lautlichen oder visuellen
Bedeutungsträgern und den ihnen zugeordneten Bedeutungen:

> „Das Band, welches das Bezeichnete mit der Bezeichnung verknüpft, ist beliebig,
> und da wir unter Zeichen das durch die assoziative Verbindung einer Bezeichnung
> mit einem Bezeichneten erzeugte Ganze verstehen, so können wir dafür auch ein-
> facher sagen: das sprachliche Zeichen ist beliebig."[49]

Der Sinn der sprachlichen Zeichen entspringt nicht nur der arbiträren Verbindung
zwischen Signifikant und Signifikat, sondern auch der materiellen, lautlichen oder
visuellen Differenz zwischen den einzelnen Signifikanten: „Bei den sprachlichen
Zeichen, die aus Bezeichnetem und Bezeichnung bestehen, kommt es auf ihre ge-
genseitige Sonderung und Abgrenzung an. "[50]

Derrida radikalisiert diese Auffassung, wenn er davon ausgeht, dass sich
jede Form kulturellen Sinns nur über differance herstellt. Demzufolge erklärt
Hempfer: „Differance ist das Grundprinzip, [...] das überhaupt die Bedingung der
Möglichkeit der Konstitution von Bedeutung in den verschiedenen traces darstellt.

---

[46] Vgl. Hempfer 1976, S. 33f., 38 und Brütting 1976, S. 73f.

[47] Kristeva 1971, S. 486 und dies. 1977, S. 194.

[48] Kimmerle 1988, S. 7. Vgl. Derrida 1988, S. 29f.

[49] De Saussure 1967, S. 79.

[50] Ebd., S. 145.

24

"[51] Differance meint damit nicht nur die Interferenzbeziehung zwischen den einzelnen Signifikanten, sondern auch zwischen den Bedeutungsspuren, den sogenannten traces, die sich im Zeichen aus seinen früheren Bedeutungskontexten abgelagert haben.

> „Es gibt kein Wesen der differance, sie ist das, was sich in dem als solches ihres Namens oder ihres Erscheinens nicht aneignen lassen kann, sondern was überdies die Autorität des als solches, überhaupt des Anwesens der Sache selbst in ihrem Wesen bedroht. Besitzt es in dem Maße kein eigenes Wesen, so ist impliziert, dass das Spiel der Schrift, sofern dieses die differance einbezieht, weder Sein noch Wahrheit besitzt."[52]

Für die Intertextualitätstheorie des französischen Poststrukturalismus heisst dies, dass jeder Text als kultureller Signifikant seinen Sinn nur durch Rekurs auf und in der Differenz zu anderen Texten gewinnt und Intertextualität damit zum konstitutiven Prinzip jeder Äußerung avanciert. Auf dieser Basis ist Hassans Proklamation der „Intertextualität allen Lebens"[53] als Kennzeichen der Postmoderne zu verstehen.

„Intertextuality is the general discursive space which makes a text possible", so Culler.[54] Drei Konzepte kennzeichnen die oben beschriebene Pantextualität. Die Charakterisierung des Kulturtextes als Prozess der beständigen Transformation der unter diesem Begriff subsumierten Texte und die damit einhergehende Funktion des kulturellen Speichers bilden das erste Konzept. Das zweite behandelt die Diskurstheorie Foucaults als paradigmatischen Beitrag der französischen, poststrukturalen Philosophie zu einer Konzeption von Intertextualität. Mit der von Link mitbegründeten Interdiskursanalyse und ihrer methodisch vermittelnden Rolle zwischen Diskurs- und Intertextualitätstheorie beschäftigt sich das dritte Konzept.[55]

4.1.1 Intertextualität als Form der kulturellen Gedächtnisbildung

Die Idee eines texte general impliziert die Vorstellung einer Art kulturellen Speichers, der alle Texte enthält, die für eine Kultur von Bedeutung sind oder von Bedeutung waren. Ein solches Speichermedium bezeichnet der französische Soziologe

---

[51] Hemper 1983, S. 23. Vgl. Kimmerle 1988, S. 32, vgl. Derrida 1988, S. 36.

[52] Derrida 1988, S. 51.

[53] Hassan 1988, S. 57.

[54] Culler 1976, S. 1385.

[55] Vgl. Laussmann 1992, S. 15.

Halbwachs als soziales oder kollektives Gedächtnis. Dieser geht davon aus, dass eine soziale Gemeinschaft aufgrund interner Kommunikation und Interaktion über ein bestimmtes Arsenal von Erinnerungsmomenten verfügt, über das sie ihre kollektive Identität definiert. Diese Erinnerungsmomente können von der Gemeinschaft je nach ihrer historischen Situation anders aktualisiert und akzentuiert werden. Das individuelle Gedächtnis des Einzelnen ist individuell nur aufgrund der je spezifischen Verbindung verschiedener Kollektivgedächtnisse und bildet sich aufgrund der Partizipation des Einzelnen an den kommunikativen Prozessen des Kollektivs.[56]

Im Rahmen des Heidelberger Arbeitskreises „Archäologie der literarischen Kommunikation" haben der Ägyptologe Jan Assmann und die Literaturwissenschaftlerin Aleida Assmann die Gedächtniskonzeption von Halbwachs weiter entwickelt. Sie setzen eine Zweiteilung des kollektiven Gedächtnisses voraus:

> „Das kollektive Gedächtnis funktioniert bimodal: im Modus der fundierenden Erinnerung, die sich auf Ursprünge bezieht, und im Modus der biographischen Erinnerung, die sich auf eigene Erfahrungen und deren Rahmenbedingungen - das 'recent past' – bezieht".[57]

Den Typus der biographischen Erinnerung nennen Assmann und Assmann kommunikatives Gedächtnis. Es stellt das gesellschaftliche Kurzzeit-Gedächtnis dar, da hier nur Erinnerungen an die erst kurz zurückliegende Vergangenheit abgespeichert werden - Erinnerungen, die das Gedächtnis von ein bis zwei Generationen umfassen und daher im Alltagsleben der Gemeinschaft virulent sind. Insofern bedarf das kommunikative Gedächtnis keiner Erinnerungsmedien, es ist lebendig in der Vergegenwärtigung durch die Zeitzeugen.[58]

Das kulturelle Gedächtnis beinhaltet hingegen die fundierenden Erinnerungen einer sozialen Gemeinschaft. Dabei handelt es sich um Mythen und Geschichten, die die für diese Gemeinschaft bedeutenden Kommunikationsmuster, Vorstellungen, Normen und Werte illustrieren.

> „Unter dem Begriff des kulturellen Gedächtnisses fassen wir den jeder Gesellschaft und jeder Epoche eigentümlichen Bestand an Wiedergebrauchs-Texten, -Bildern und -Riten zusammen, in deren Pflege sie ihr Selbstbild stabilisiert und vermittelt, ein kollektiv geteiltes Wissen vorzugsweise (aber nicht ausschließlich) über die

---

[56] Vgl. Halbwachs 1991, S. 1f., Assmann & Assmann 1990/1991, S. 59 und Assmann 1992, S. 34f.

[57] Assmann 1992, S. 51f.

[58] Vgl. Assmann & Assmann 1990/1991, S. 63f., Assmann 1992, S. 50f., Assmann 1988, S. 10f.

Vergangenheit, auf das eine Gruppe ihr Bewusstsein von Einheit und Eigenart stützt"[59].

Da das kulturelle Gedächtnis im Gegensatz zum kommunikativen Gedächtnis die gesamte Geschichte einer Gemeinschaft umfasst, braucht es zu seiner Sicherung bestimmte Träger oder Speichermedien. Als „Gründungslegende der kulturellen Mnemotechnik" nennt Jan Assmann die Episode aus dem Alten Testament, in der Moses seine Gefährten nach 40-jähriger Wanderschaft am Ufer des Jordan dazu aufruft, sich auch nach ihrem Übertritt ins Gelobte Land an ihren Bund mit Gott zu erinnern. Dazu nennt er ihnen acht Modi der kulturellen Erinnerung, von denen drei für Literaturwissenschaftler von besonderem Interesse sind: die Weitergabe der Erinnerung an die folgenden Generationen durch Kommunikation und Zirkulation, die Speicherung und Veröffentlichung sowie die mündliche Überlieferung und Kodifikation durch Poesie.[60]

In weitgehend schriftlosen bzw. alten Kulturen übernehmen Schamanen, Priester oder umherziehende Geschichten-erzähler diese Aufgabe. In seinem Roman „Der Geschichtenerzähler" erzählt Mario Vargas Llosa vom Stamm der Machiguenga-Indianer, die in Stammesverbänden von nicht mehr als einer Familie verstreut in den Urwäldern Perus leben und die zur sozialen Kommunikation, zur Tradierung ihrer eigenen Geschichte einen Geschichtenerzählers haben. Dieser Geschichtenerzähler ist ein Mann, der allein von Stamm zu Stamm reist und das jeweils Gehörte weiter- und wiedererzählt. In einem Gespräch mit einem befreundeten Anthropologen äußert der Ich-Erzähler den Grund für seine Faszination an der Funktion des Geschichtenerzählers: „Sie sind der greifbare Beweis dafür, dass Geschichtenerzählen etwas mehr sein kann als bloßer Zeitvertreib, [...] sondern etwas Elementares, etwas, von dem die Existenz eines Volkes abhängt."[61]

In Schriftkulturen werden stattdessen Wissenschaft, Museen und Archive und Literatur auf die Tradierung kultureller Erinnerungsmomente verpflichtet.[62] Tradierung bedeutet jedoch nicht nur das Wiedererzählen der kulturellen Kanons, sondern auch das Wieder- und Umerzählen der wichtigen Texte einer sozialen Gemeinschaft.

Das kulturelle Gedächtnis existiert in zwei Modi: einmal im Modus der Potentialität als Archiv, als Totalhorizont angesammelter Texte, Bilder, Handlungsmuster. Zudem besteht es im Modus der Aktualität, als der von einer jeweiligen Gegenwart aus aktualisierte und perspektivierte Bestand an objektiviertem Sinn.

---

[59] Assmann 1988, S. 15.

[60] Vgl. ders. 1991, S. 137f.

[61] Vargas Llosa 1987, S. 112f.

[62] Vgl. Lachmann 1990, S. 26.

Assmann nennt drei Normen eines solchen intertextuellen Anschlusses: kommentierend, imitierend, kritisch. Kommentiert werden nach Assmann in der Regel kanonische Texte, da sie nicht imitierbar oder kritisierbar sind. Imitiert werden klassische Texte und kritisiert fundierende Texte des wissenschaftlichen Diskurses. Hier sind aus texttheoretischer Perspektive weitere Anschlussmöglichkeiten denkbar.[63]

Die Speicherung des Wissensbestands einer Kultur in Texten bietet zwar ungeheure quantitative Möglichkeiten. Es birgt jedoch auch stets die Gefahr, dass Wissen in Texten abgelagert und dann vergessen wird. Daher benötigt eine Gemeinschaft einen kulturellen Transformator, d. h. eine Instanz, die eine kontinuierliche Beziehung zwischen Gegenwart und Vergangenheit herstellt, indem sie die Wissensmomente, Orientierungspunkte und -legenden einer Kultur beständig neu in die gesellschaft-liche Diskussion einbringt, sich mit ihnen auseinandersetzt. Diese Rolle spricht Assmann der Intertextualität zu.[64]

Eine vergleichbare Auffassung vom Text als kulturelles Speicher- und Transfor-mationsmedium vertritt auch Renate Lachmann. Aufgrund ihrer Beschäftigung mit der individuellen und kulturellen Mnemotechnik definiert sie den Intertext als einen Gedächtnisort bzw. Gedächtnisraum, der sich zwischen den Texten entwickelt.

Indem ein Text auf einen anderen Bezug nimmt, entsteht er nicht nur in diesem Gedächtnisraum, sondern er bildet ihn auch in seinem Innern ab. Lachmann ergänzt dazu:

> „Der Raum zwischen den Texten und der Raum in den Texten, der aus der Erfahrung desjenigen zwischen den Texten entsteht, ergibt jene Spannung zwischen extratextuell-intertextuell und intratextuell, die der Leser 'auszuhalten' hat.
> Der Gedächtnisraum ist auf dieselbe Weise in den Text eingeschrieben, wie sich dieser in den Gedächtnisraum einschreibt. Das Gedächtnis des Textes ist seine Intertextualität."[65]

Durch das Phänomen der Intertextualität stelle Literatur die Kunst par excellence (dar), indem sie das Gedächtnis für eine Kultur stiftet, das Gedächtnis einer Kultur aufzeichnet, Gedächtnishandlung ist, sich in einen Gedächtnisraum einschreibt, der aus Texten besteht, einen Gedächtnisraum entwirft, in dem die vorgängigen Texte über Stufen der Transformation aufgenommen werden. Die Texte repräsentieren

---

[63] Vgl. Assmann 1991, S. 102.

[64] Ders. 1988, S. 13.

[65] Lachmann 1990, S. 35.

28

das ausgelagerte materialisierte Gedächtnis, d. h. das Gedächtnis, das sich in manifesten Zeichen, im äußeren Schreiben materialisiert.[66]

4.1.2 Intertextualität als diskursive Strategie

4.1.2.1 Eine kurze Darstellung der Diskurstheorie Foucaults

> „In der Tat ist Foucaults Werk ein verwirrendes Labyrinth, in welchem der Autor, der keiner sein will und in Wahrheit nie das ist, was er zunächst zu sein scheint, umherirrt und sich verliert."[67]

Diese Einschätzung Fink-Eitels schätzt die Schriften eines Autors in einer Weise treffend ein, der sich im Rahmen seiner kulturgeschichtlichen Studien unterschiedlichen Themen mithilfe verschiedener Methoden und Perspektiven genähert hat. Das Wissen, die Macht und das Subjekt sind stets Schwerpunkte von Foucaults Arbeiten. Ihnen widmen sich die von ihm entwickelten kulturhistorischen und -typologischen Disziplinen der Archäologie und der Genealogie.

Ob Foucault seiner Archäologie den Status einer Theorie verleihen wollte, ist fraglich. Seine Äußerungen darüber erscheinen widersprüchlich. Zum einen spricht er von der Skizzierung einer allgemeinen Theorie des Gebietes der diskursiven Formationen.[68] Andererseits bestreitet er in seinen abschließenden Reflexionen in der „Archäologie des Wissens", dass sein Diskurs versucht habe, eine allgemeine Theorie der Diskurse aufzustellen.

Die folgenden Bemerkungen stützen sich hauptsächlich auf die „Archäologie des Wissens", Foucaults 1969 publizierten theoretischen Entwurf zur Analyse dessen, was er den Diskurs oder die diskursive Formation genannt hat.[69]

Was ist ein Diskurs? Foucault definiert ihn als „eine Menge von Aussagen, die einem gleichen Formationssystem zugehören. "[70] Damit sind zwei neue Begriffe eingeführt: Der Begriff der Aussage stellt den Nukleolus der Diskurstheorie dar. In

---

[66] Ebd., S. 36.
[67] Fink-Eitel 1992, S. 10.
[68] Vgl. Foucault 1992, S. 193.
[69] Vgl. ebd., S. 292 und Kammler 1986, S. 100.
[70] Foucault 1992, S. 156.

Absetzung zu linguistischen Termini wie Troposition, Satz oder Sprechakt bestimmt Foucault die Aussage als eine

> „Existenzfunktion, die den Zeichen eigen ist und von der ausgehend man dann durch die Analyse oder die Anschauung entscheiden kann, ob sie einen Sinn ergeben oder nicht, gemäß welcher Regeln sie aufeinanderfolgen und nebeneinanderstehen, wovon sie ein Zeichen sind und welche Art von Akt sich durch ihre (mündliche oder schriftliche) Formulierung bewirkt findet."[71]

Die Aussage ist also die Bedingung der Möglichkeit der Generierung sinnvoller Sätze, Propositionen und Sprechakte. Sie ist dies nur aufgrund ihrer Zugehörigkeit zu einer nach bestimmten Regeln organisierten diskursiven Praxis.

Die Definition der Aussage bleibt demnach eine Bestimmung ex negativo - ein Grund dafür, dass manche Kommentatoren und Kritiker der Schriften Foucaults diesen Begriff durch positiv besetzte Termini wie „seriöse Sprechakte"[72] oder Sätze identifizieren.[73]

Die Bestimmung der Aussage als Existenzfunktion bezogen auf eine diskursive Praxis zeigt an, dass sich Foucault von generativen Modellen der Aussagenproduktion distanziert. Ihm geht es um die tatsächlich geäußerten Sprechakte, weshalb er sich selbst auch einen „glücklichen Positivisten" nennt.[74] Dennoch unterliegt der Diskurs einem Ensemble von Regeln, die ihn als Formationssystem beschreibbar machen.

Das Verhältnis zwischen der Formation, in die eine Aussage eingebunden ist, und den sie konstituierenden Regeln ist bei Foucault problematisch und Ansatzpunkt für dezidierte Kritik an der Logik seines Konzeptes. So heisst es in der „Archäologie des Wissens" zur Regelmässigkeit der Aussagen im Rahmen einer diskursiven Formation: „Ihre Zugehörigkeit und ihr Gesetz bilden ein und dieselbe Sache."[75]

Privitera wift Foucault daher vor, den Kontext einer Aussage mit ihren Regeln zu verwechseln und dadurch die empirische und die Geltungsebene von Aussagen analytisch nicht genügend zu differenzieren.[76]

In die gleiche Richtung zielt auch die Kritik von Dreyfuß und Rabinow:

---

[71] Ebd., S. 125.

[72] Dreyfuß & Rabinow 1987, S. 72.

[73] Frank 1993, S. 226.

[74] Foucault 1992, S. 182.

[75] Ebd., S. 170.

[76] Vgl. Privitera 1990, S. 63.

„Natürlich werden die Regeln, die jene Regelmäßigkeit beschreiben, nicht als Möglichkeitsbedingungen dieser Ensembles dargestellt, da diese Regeln nicht den gesamten Raum, in dem alle möglichen ernsthaften Sprechakte auftreten können, definieren. [...] Dennoch werden sie als Bedingungen des Auftretens von Aussagen dargestellt, so dass der Archäologe, ist er erst im Besitz der eine Diskursformation beschreibenden Regeln, sehen kann, dass die Typen von Sprechakten, die wirklich geäußert und ernstgenommen wurden, die einzigen waren, die zu jener Zeit ernsthaft unterhalten werden konnten."[77]

Foucault verwischt ihrer Meinung nach somit die Ebenen zwischen Deskription und Präskription und macht aus post-hoc Positivitäten „a priori-Fundamentale".[78]

Ein sogenanntes Formationssystem stellt sich dar als Bündel von Beziehungen zwischen vier Formationselementen: den Objekten, den Äußerungsmodalitäten, den Begriffen und den Strategien.

In dem Fall, in dem man in einer bestimmten Zahl von Aussagen ein ähnliches System der Streuung beschreiben könnte, in dem man bei den Objekten, den Typen der Äußerung, den Begriffen, den thematischen Entscheidungen eine Regelmäßigkeit, d. h. eine Ordnung, Korrelationen, Positionen und Abläufe, Transformationen definieren könnte, wird man übereinstimmend sagen, dass man es mit einer diskursiven Formation zu tun hat.

Bei der Formation der Objekte geht es Foucault um die Analyse der Institutionen, die um die Kodifizierung der Objekte bemüht sind sowie um die Modalitäten ihrer Spezifizierungen und Differenzierungen. Dies bedeutet, dass die Diskursanalyse keine Inventarliste der Gegenstände eines Diskures erstellt, sondern die Beziehungen untersucht, die aktualisiert werden müssen, „um von diesen und jenen Gegenständen reden, sie behandeln, sie benennen, sie analysieren, sie klassifizieren, sie erklären zu können."[79]

Falls Foucault mit dieser Bestimmung der Aussagenregelmäßigkeit die Konventionen des wissenschaftlichen Diskurses sowie die abendländische Logik angreifen wollte, wie er dies bereits durch andere Konzeptionen getan hat, dann ist ihm dies angesichts der oben beschriebenen Reaktionen durchaus gelungen.

Als Formation der Äußerungsmodalitäten werden die Positionen untersucht, die ein Sprecher innerhalb eines Diskurses einnehmen kann, sowie der gesellschaftliche Status bestimmt, den er innehaben muss, um Aussagen treffen zu können. Da nicht jeder Sprecher in jedem Diskurs zugelassen ist, geraten hier die institutionellen Plätze und Situationen in den Blick, die ihm erlauben, im Namen eines Diskurses zu argumentieren.[80]

---

[77] Dreyfuß & Rabinow 1987, S. 119.

[78] Ebd., S. 107 und S. 119. Vgl. Kammler 1986, S. 90f.

[79] Foucault 1992, S. 58.

[80] Vgl. ders., S. 70., vgl. ders., S. 61f.

Das dritte Formationselement sind die Begriffe. Auch hier unterscheidet sich die Diskursanalyse von der traditionellen Begriffs- oder Ideengeschichte, indem sie weder die chronologische Abfolge der Termini, noch den synchronen Bestand an Begriffen beschreibt. Eine Analyse der Begriffe eines Diskurses bedeutet vielmehr die Darlegung der Verwendungs- und Anordnungsmöglichkeiten, der Formen der Koexistenz zu Begriffen des gleichen Diskurses oder anderer diskursiver Formationen sowie Methoden ihrer Transformation und Systematisierung.[81]

Die diskursiven Strategien bezeichnen zuletzt die verschiedenen Rollen, die eine diskursive Formation zu anderen Diskursen, deren Objekten, Äußerungstypen und Begriffen, sowie zu nicht-diskursiven Praktiken einnehmen kann. Bei dieser reduzierten Darstellung der Elemente einer diskursiven Formation ist deutlich geworden, dass der Diskurs keine Entität darstellt, die sich apriori definieren ließe, sondern dass hier jede Form von Unmittelbarkeit in Relationen auflöst wird.

Der Diskurs ist ein Beziehungsgeflecht, ein System der Streuung, bei dem die einzelnen Elemente der diskursiven Formation gleich Atomen in einem Molekülmodell zwar die Fixpunkte darstellen, das Augenmerk der Analyse aber hauptsächlich auf die Verbindungsarme gelenkt wird. Für die weitere Argumentation ist es nicht zwingend notwendig, Foucaults Differenzierung der Aussage in Referential, Subjekt, Aussagefeld und materielle Existenz darzustellen, da dieses Beziehungsgeflecht dem des Diskurses analog ist.[82]

Ob die Diskursanalyse damit einen Paradigmenwechsel in den Humanwissenschaften herbeigeführt hat, ist fraglich. Kritiker der Werke Foucaults betonen den Schwellencharakter der Diskursanalyse zwischen Strukturalismus und Neostrukturalismus.[83]

Vom klassischen Strukturalismus übernimmt Foucault dabei das Denken in Strukturen und in Teil-Ganzes-Relationen, wie z. B. dem Verhältnis zwischen Aussage und Diskurs. Als poststruktural wird sein Verzicht auf jedes individuelle bedeutungsstiftende Subjekt und jede transzendentale Rechtfertigung der Wahrheit oder Seriosität eines Diskurses identifiziert.[84]

Dreyfuß und Rabinow werfen Foucault vor, letztendlich nicht anders als die Humanwissenschaften, insbesondere die Phänomenologie, zu arbeiten, da das Verhältnis von Cogito/Ungedachtes bzw. Bewusstes/Unbewussten zwar mit neuen Begriffen belegt, die Denkfigur des anthropologischen Doppels jedoch beibehalten

---

[81] Vgl. ders., S. 83f.

[82] Vgl. Privitera 1990, S. 58.,1986, S. 98.

[83] Vgl. Frank 1993, S. 234.

[84] Vgl. Dreyfuß & Rabinow 1987, S. 74., S. 81.

wird: „Bezeichnende Totalitäten sind einfach durch 'Systeme der Streuung' und transzendentale Regeln durch Formationsregeln ersetzt worden."[85]

4.1.2.2 Zum Verhältnis von Diskurstheorie und Intertextualität

Der Begriff des texte, so wie er von den französischen Poststrukturalisten um die Gruppe Tel Quel definiert worden ist, kann mit dem Foucaultschen Terminus Diskurs gleichgesetzt werden. Dabei weist der Diskursbegriff durch seine theoretische Kodifizierung verständlicherweise einen höheren Systematisierungsgrad auf, als der Kampfbegriff texte. Dennoch verweisen beide auf die der Sprache und ihrer Verwertung analoge Konstitution kultureller Praxis.

Auch Foucault kennt das Phänomen des texte generale, die Gesamtheit aller diskursiven Formationen, die er Archiv nennt. Das Archiv ist die nach Aussage und Diskurs umfassendste Einheit seiner Diskursanalyse.

> „[Der Begriff des Archivs] ist die bloße und für das methodologische Projekt der Diskursanalyse unentbehrliche Projektion der verschachtelten Vielheit aller Diskurse einer Zeit, es bleibt immer fragmentarisch, offen, nur unzureichend beschreibbar."[86]

Zudem besteht die elementare Einheit des Diskurses, die Aussage, aus Texten im klassischen Sinne, da Foucault bei der Bestimmung der Aussage von ihrer schriftlichen oder mündlichen Formulierung ausgeht.

Wenn nun der Diskurs aus Aussagen besteht und in einem Feld von Aussagen, dem Archiv flukturiert und Aussagen zum Objekt hat, dann ist es einleuchtend, dass Intertextualität eines der wesentlichsten Charakteristika des Diskurses ist. Intertextualität ist die diskursive Strategie, mit deren Hilfe andere Diskurse angeeignet, Interdependenzen hergestellt, der eigene Diskurs fortgeschrieben und das Wissen einer diskursiven Praxis aktualisiert werden.[87] Meister erklärt dazu: „Es ist vor allem das Konzept der Intertextualität, wie es von Michail Bachtin entwickelt und später von Julia Kristeva und Roland Barthes weitergeführt wurde, das sich als theoretisches Pendant zu Foucaults Vorstellung von der unendlichen Verschachtelung anbietet."[88]

---

[85] Dies., S. 121.

[86] Kammler 1986, S. 117., vgl. ders. 1992, S. 187f.

[87] Vgl. Fohrmann & Müller 1988, S. 16., vgl. Foucault 1992, S.259f.

[88] Meister 1990, S. 240.

4.1.3 Intertextualität als Interdiskurs

4.1.3.1 Der Interdiskurs als Instanz gesellschaftlicher Integration

Neben der impliziten Thematisierung von Intertextualität im Oeuvre Foucaults existiert auch eine diskursanalytische Literaturtheorie, die Link in Anklang an Foucaults Begriff der interdiskursiven Konfiguration als Interdiskursanalyse bezeichnet hat.[89]

Bei einem Diskurs handelt es sich nach Foucault um eine „spezialisierte, institutionalisierte, geregelte Redeweise, insofern sie an Handlungen gekoppelt sind und also Machtwirkungen ausüben."[90] Im Rahmen seiner Analyse der diskursiven Formationseinheiten hat Foucault dabei die interne Konstitution des Diskurses betrachtet, während er im Zuge seiner genealogischen Schriften die externen institutionellen Rahmenbedingungen diskursiver und nicht-diskursiver Praktiken untersucht hat.

Link will mit seiner Interdiskursanalyse ein Desiderat der Foucaultschen Forschungen ausfüllen, indem er die einzelnen Praktiken der Vermittlung zwischen dem arbeitsteiligen System der Spezialdiskurse und dem sogenannten Alltagsdiskurs untersucht.[91]

> „Das Konzept des Interdiskurses [zielt] auf die Tatsache, dass jede Sequenz, neben ihrer offensichtlichen Linearität eine komplexe und geschichtete (stratifizierte) Materialität ist, die sich auf andere Diskurse bezieht, die vorher, außerhalb und unabhängig bereits existieren. Die Bestandteile eines Diskures stammen immer aus einem soziohistorischen Anderswo, in dem sie bereits funktioniert haben."[92]

Der Interdiskurs dient der Reduzierung von Komplexität der gesellschaftlichen Ausdifferenzierung, indem er Wissenselemente aus den Spezialdiskursen in den Alltagsdiskurs zurückführt und umgekehrt. Dabei bedient er sich derjenigen Elemente, die als gesamtgesellschaftliche Erfahrungsschemata dienen können. Diese interdiskursiven Elemente nennt Link „elementar-literarische Anschauungsfor-

---

[89] Vgl. Foucault 1992, S. 226.
[90] Kleines Begriffslexikon 1986, S. 71.
[91] Vgl. Link 1984, S. 64 und ders. 1986, S. 5.
[92] Pecheux 1983, S. 52.

men"[93], weil sich die Metaphern und Symbole, die der Interdiskurs z. B. aus dem technischen oder juristischen Diskurs entnimmt, syntagmatisch zu einer mindestens rudimentären Isotopie organisieren, die dann die Grundlage für historische oder literarische Narrationen bildet. Diese Elemente können materieller, wie Symbole, Charaktere, Mythen usw., formaler, wie syntaktische Anordnungsschemata im wörtlichen und übertragenden Sinne, mathematisch-logische Formalisierungen usw. sowie pragmatischer Art sein, wie Institutionalisierung von Symbolen o. ä. oder Handlungsschemata, Rituale, Versuchsanordnungen usw.[94]

Von besonderem Interesse ist für Link im Rahmen der elementarliterarischen Anschauungsformen die kulturelle Kollektivsymbolik. Bei Kollektivsymbolen handelt es sich um kulturelle Stereotypen oder Topoi, über die eine Kultur synchron verfügt und die sie kollektiv tradiert. „Unter Kollektivsymbolen möchte ich Sinn-Bilder (komplexe, ikonisch, motivierte Zeichen) verstehen, deren kollektive Verankerung, sich aus ihrer sozialhistorischen, z. B. technohistorischen Relevanz ergibt, und die gleichermaßen metaphorisch wie repräsentativ-synekdotisch und nicht zuletzt pragmatisch verwendbar sind."[95] Indem die institutionalisierte Literatur diese Kollektivsymbole aufnimmt und weiterverarbeitet, stellt sie einen Schnittpunkt dar zwischen der Diskursdifferenzierung der Gesellschaft und der notwendigen Diskursintegration. Link bezeichnet die Literatur daher als elaborierten Interdiskurs.[96]

Die Interdiskursanalyse erweist sich bei näherem Hinsehen als Beitrag zur Intertextualitäts-Diskussion. Nicht nur, dass Link von Foucault die textuelle Konstitution der Lebenswelt in Form von Diskursen übernimmt. Er geht mit der Übertragung rhetorisch-literarischer Formen wie Metaphern oder Symbole auf die gesellschaftliche Diskurspraxis sogar noch einen Schritt weiter in die Richtung der Gleichsetzung von literarischem Text und Welt.

Link bestreitet Ähnlichkeiten zur Intertextualitätstheorie nicht. Er versucht sich jedoch von Konzepten der Intertextualität in zweierlei Hinsicht abzugrenzen. Zum einen sieht er ein Distinktionskriterium zur Intertextualitätstheorie in der Konzentration der Interdiskursanalyse auf elementare Parzellen des Diskurses, statt auf abgeschlossene Texte:

„Das elementar-literarische Material, das bereits Träger ideologischer Distinktionsfunktion ist, [erscheint] als eine Art 'Angebot', das dem Bewussten und vor allem dem Unbewussten des Autors gemacht wird, aus dem der Autor (bewusst und vor

---

[93] Vgl. Link 1984, S. 150 und Drews, Gerhard & Link 1985, S. 261-264.
[94] Vgl. Link 1983, S. 16.
[95] Dies. 1988, S. 286.
[96] Vgl. Drews, Gerhard & Link 1985, S. 260f.

allem unbewusst) 'auswählt', das er ' kombiniert', 'weiterverarbeitet', 'erfindend er-gänzt' usw."[97]

Über diese Einteilung besteht in der Forschung zum literarischen Intertextualitäts-konzept jedoch kein Konsens. Die aus der Intertextualitätstheorie entwickelte Me-thode hat ihre Brauchbarkeit gerade in der literaturwissenschaftlichen Betrachtung von Textsegmenten bewiesen. Auf der anderen Seite ist der Anspruch der Interdis-kursanalyse, die Produktionsgesetze der Sinnbildung zu dechiffrieren und damit ein generatives Modell der Interdiskursproduktion entwickeln zu können, um vieles höher als der Anspruch der Intertextualitätstheorie.[98]

Das zweite Abgrenzungskriterium zeigt sich darin, dass Link darauf ver-weist, dass die Konzepte der Intertextualität lediglich die Interferenz bereits kanoni-sierter Texte bzw. Autoren in den Blick nehmen, während die Interdiskursanalyse die Interferenz anonymer Diskursarten untersticht. Der Interdiskurs stellt nach Links Auffassung demnach die Bedingung für Intertextualität dar: „Bevor Intertex-tualität entstehen kann, muss Interdiskursivität stets schon da gewesen sein."[99]

Mit dieser Definition von Intertextualität profiliert Link einen degenerier-ten Intertextualitätsbegriff, der der Quellenkritik oder der produktiven Rezeption entstammt. Versteht man indes jede kulturelle Äußerungsform als Text, so wie dies im Rahmen der weitesten Definition von Intertextualität getan wird, dann besteht kein Unterschied zwischen Intertextualität und Interdiskursivität. Das Konzept von Link kann fast lückenlos in eine Theorie der Intertextualität als Interferenzspiel zwischen den einzelnen gesellschaftlichen Texten oder Diskursen integriert werden.

Bestimmte Einschränkungen müssen jedoch gemacht werden: Die genera-tive Ausrichtung des Interdiskurskonzeptes von Link stimmt zwar mit der An-fangsphase der Intertextualitätstheorie überein, in der auch Kristeva von der Pro-duktion literarischer Phänotexte durch bestimmte Genotexte qua Intertextualität ausging[100].

In der späteren, poststrukturalen Phase der intertextualitätskonzeption bei Barthes u. ä. distanziert man sich jedoch von derartigen Vorstellungen. Dieser Punkt gilt auch für Links Verhältnis zur Diskurstheorie Foucaults. Diesem geht es nur bedingt um die Vorhersage der Gesetzmäßigkeit des Diskurses. Er hat zwar die einzelnen Beziehungen im Formationssystem als diskursive Regelmäßigkeiten for-muliert, doch hat er stets auch die positivistische Beschreibung dieser Regelmäßig-

---

[97] Link 1988, S. 286. Vgl. ders. 1983, S. 16, S. 21.

[98] Ders. 1983, S. 10.

[99] Ders. 1988, S. 301.

[100] Vgl. Kristeva 1971, S. 497.

keiten proklamiert. Insofern unterzieht Link gerade die poststrukturalistischen Züge der Diskurstheorie einer strukturalistischen Reformulierung.

Zudem lassen sich bei Link Vorstellungen über den Autor und seine Fähigkeit der bewussten oder unbewussten Verarbeitung von interdiskursiven Elementen ausmachen, die nicht mit den Konzeptionen der französischen Literaturtheorie zu vereinbaren sind.[101]

4.1.3.2 Das Projekt einer Historischen Mythologie

Als Versuch der Anwendung des Interdiskurskonzeptes kann das Projekt einer Historischen Mythologie der Deutschen angesehen werden, so wie es von Literaturwissenschaftlern wie Jürgen Link, Rolf Parr, Ute Gerhard oder Wulf Wülfing in Angriff genommen worden ist. Sie haben sich zum Ziel gesetzt, das Verhältnis von historischem Wissen, seiner Organisation und Distribution durch mythisierende literarische Verfahren zu reflektieren.[102]

Mit dem Begriff des Mythos bezeichnen die oben erwähnten Autoren eine bestimmte Konfiguration von narrativen und diskursiven textuellen Strukturen, die sich meist im Umfeld einer historischen Figur organisieren. Dort bilden sie spezifische Narrationen aus, die der historischen Person als ihrem Aktant ein bestimmtes Handlungs- und Interaktionsmuster zuschreiben.

---

[101] Vgl. Pecheux 1984, S. 93f.
[102] Vgl. Wülfing, Bruns & Parr 1991.

4.1.3.3 Das semantische Feld und die Stereotypen

Deutungsschemata, die diese mythischen Narrationen enthalten, ermöglichen es, komplexe historische oder politische Sachverhalte zu vermitteln. Insofern gehört der historische Mythos dem Interdiskurs an.

> „Mythische Narrationen sind symbolisch, dominant paradigmatisch konstituierte Narrationen mit diskontinuierlicher, teils konnotativer, polyisotoper Bildebene und zugleich mit stabiler Konfiguration, mit Korrelation zwischen zwei oder mehr Oppositionsparadigmen".[103]

Als narrative Struktur stellt der Mythos keine einfache Konnotation dar, sondern er macht historische Wirklichkeit erst sinnvoll, indem er Bedeutungsmomente zu einem stabilen Paradigma organisiert, d. h. historische Wirklichkeit Geschichte werden lässt. Ein Beispiel dafür ist die Mythisierung Bismarcks, die Rolf Parr in „Literatur und Populärdiskurs" untersucht hat.

Ordnendes Paradigma bei der Figur Bismarcks ist nach Parr das Paradigma von Idealismus und Realismus. Während Bismarck im hegemonialen Kontext zwischen Revolution und Reaktion angesiedelt wird,[104] gilt er nach Parr national-mythologisch als Vertreter der „deutschen Seele", jedoch in ihrer realistischen Ausprägung.[105] Ihm stünden als Pendant im deutschen Mythensystem Goethe und Schiller in ihrer Rolle als deutsche Idealisten gegenüber[106]. Kontrastiere man Bis-

---

[103] Wülfing, Bruns & Parr 1991, S. 11. Vgl. Parr 1982, S. 49.
[104] Parr 1982, S. 56.
[105] Ebd., S. 116.
[106] Ebd., S. 194.

marck hingegen mit Napoleon, dann betonten die zeitgenössische Presse, Biographen und Historiker seine positiv, realidealistische Staatskunst im Verhältnis zur Unberechenbarkeit Napoleons.[107]

Ein so verstandener Mythosbegriff unterscheidet sich stark von der Mythosdefinition, die Roland Barthes in den „Mythen des Alltags" anbietet: „der Mythos ist insofern ein besonderes System, als er auf einer semiologischen Kette aufbaut, die bereits vor ihm existiert; er ist ein sekundäres semiologisches System."[108]

Ein solches Mythenverständnis setzt ein primäres semiologisches System voraus, die Verknüpfung eines ursprünglichen Signifikanten mit einem Signifikat, das - als reine Denotation - keinerlei kontext- oder situationsabhängige Bedeutungsschattierungen aufweist. Auf diesem primären System baut sich dann nach Barthes eine konnotative Ebene auf, die die ursprüngliche Signifikat-Signifikant-Verbindung zu ihrem Signifikanten macht und mit ihm eine neue Bedeutung koppelt.

> „Dies ist die klassische Definition der Konnotation als Gesamtheit aller kulturellen Einheiten, die von einer intensionalen Definition des Signifikans ins Spiel gebracht werden können; sie ist daher die Summe aller kulturellen Einheiten, die das Signifikans dem Empfänger institutionell ins Gedächtnis rufen kann",

so Umberto Eco.[109]

Eine solche Bestimmung des Mythos als Konnotation ist nicht nur deshalb abzulehnen, weil sie eine Identität von Mythos und Ideologie nahelegt. Aus der Sicht der Intertextualitätstheorie ist auch jede Vorstellung einer mythenfreien, d. h. von anderen Texten unabhängigen Bedeutung lediglich als linguistische Abstraktion denkbar. Der Sinn einer sprachlichen Äußerung ist gerade keine dem Zeichen vorausgehende, transzendentale Entität - so die Sprachphilosophie Derridas und mit ihr die Intertextualitätstheorie französischer Prägung -, sondern stellt sich erst in der Konfrontation der Zeichenträger, der Texte und somit stets intertextuell her.[110]

---

[107] Ebd., S. 149, S. 167.

[108] Barthes 1964, S. 92.

[109] Eco 1972, S. 108., vgl. Barthes 1979, S.76.

[110] Vgl. Barthes 1979, S. 93.

4.1.4 Zwischenbilanz I: Intertextualität als Methode einer interdisziplinären Kulturwissenschaft

Unter dem Dach der Geisteswissenschaften formiert sich als Disziplin die Kulturwissenschaft.[111] Kultur ist dieser Disziplin nach weder die Konkretisierung und Ausdifferenzierung der natürlichen Vorgaben des Menschen, noch das Synonym für das Schöne, Gute und Wahre. Die Bereiche, die sich im universitären Bereich Kulturwissenschaft nennen, sind größtenteils aus der Rezeption der anglo-amerikanischen Ethnologie hervorgegangen, die Kultur als „organisiertes System signifikanter Symbole" definiert.[112]

Als ineinandergreifende Systeme auslegbarer Zeichen, wie man unter Nichtbeachtung landläufiger Verwendungen Symbole bezeichnen kann, ist Kultur keine Instanz, der gesellschaftliche Ereignisse, Verhaltensweisen, Institutionen oder Prozesse kausal zugeordnet werden können. Sie ist ein Kontext, ein Rahmen, in dem sie dicht beschreibbar sind.[113]

Dieser Begriff von Kultur, der dem der Mentalität oder dem des sozialen Wissens vergleichbar ist, stellt zum einen eine Provokation für den traditionellen Fächerkanon der Universität dar, da er Kultur als eine Abstraktion versteht, die sich quer zu den klassischen Disziplinen verhält.[114] Zum anderen bietet er Fächern, wie z. B. der Geschichtswissenschaft oder der Soziologie die Möglichkeit, ihren Gegenstand und ihre Methoden neu zu fokussieren.[115]

Der neue Kulturbegriff kommt dabei einem wissenschaftlichen Interesse entgegen, das sich auch im Rahmen einer poststrukturalen Wende von der Beschreibung der Strukturen und Ordnungen und der Vernachlässigung der agierenden Subjekte wegbewegt hat. In den Mittelpunkt des wissenschaftlichen Interesses ist vielmehr die Rekonstruktion der „Wahrnehmungen, Bedeutungen, Sinnstiftungen sowie ihr symbolischer Ausdruck in Texten, Bildern, Gegenständen, Ritualen, Gesten usw. " getreten.[116]

Versteht man unter Text jede Form semiotischer Praxis, die sich eben auch aber nicht nur in Form von sprachlichen Äußerungen oder Literatur manifestieren kann, dann hat eine Literaturwissenschaft der Intertextualität einer interdis-

---

[111] Vgl. Wülfing, Bruns und Parr 1991, S. 10, Parr 1982, S. 15. Vgl. Josczok & Rasche 1994, S. 12 und Gall 1993, S. 3, S. 15.

[112] Geertz 1992, S. 79.

[113] Ders. 1991, S. 21.

[114] Vgl. Hansen 1993, S. 111.

[115] Vgl. Honer 1989, S. 297-312.

[116] Sieder 1994, S. 449.

ziplinären Kulturwissenschaft viel zu bieten. Da eine Wissenschaft von den kulturellen Sinnzuweisungen auf das Deuten von Äußerungen angewiesen ist, kann die Literaturwissenschaft ihren Beitrag zu einer Kulturwissenschaft leisten, indem sie Methoden zur Analyse sozialer Konzepte bereitstellt. Die im Rahmen der kulturkritischen Dimension von Intertextualität vorgestellten Theorien haben gezeigt, dass eine Literaturwissenschaft der Intertextualität in der Lage wäre, die Mechanismen von Bedeutungskonstitution im Differenzspiel kultureller Signifikanten zu bezeugen. Eine Einbindung des Intertextualitätskonzeptes in eine Theorie des kollektiven Gedächtnisses kann darlegen, wie kulturelles Wissen über intertextuelle Strukturen organisiert und tradiert wird und wie kulturelle Sinnstiftung über Texte funktioniert.[117]

> „Die Literatur ist eine mathesis, eine Ordnung, ein System, ein strukturiertes Feld von Wissen. Doch dieses Feld ist nicht unendlich: einerseits kann die Literatur nicht über das Wissen ihrer Epoche hinausgehen; und andererseits kann sie nicht alles sagen."[118]

Beim Verständnis von Intertextualität als einer diskursiven Strategie zur Herstellung von Interferenzbeziehungen zu anderen gesellschaftlichen Diskursen ist deutlich geworden, wie sich die diskursiven Praktiken einer Gemeinschaft über textuelle Äußerungen strukturieren. Begreift man Intertextualität zudem als gesellschaftlichen Interdiskurs, leisten intertextuelle Prozesse den Transfer von spezialisiertem Wissen in den Populärdiskurs. Das Projekt einer Historischen Mythologie hat erste Schritte in diese Richtung getan: „Vom Begriff des Interdiskurses aus ergibt sich eine direkte Anschlussmöglichkeit an Kategorien wie 'Mentalität' und 'Kultur'. "[119]

Neuere diskurstheoretische Arbeiten zu bestimmten Autoren oder Werken der deutschen Literaturgeschichte zeigen jedoch auch, wie instruktiv es für die germanistische Literaturwissenschaft sein könnte, unter Intertextualität eben nicht nur den Verweis auf literarische Diskurse zu verstehen.

Das Konzept der Intertextualität als Interdiskursivität versteht den literarischen Text als einen gesellschaftlichen Diskurs unter anderen, was bedeutet, dass Literatur sich gerade in der Verflechtung mit anderen diskursiven Praktiken, aus denen sie ihr Wissen bezieht, konstituiert. Eine Unterscheidung in textexterne und textinterne Intertextualität, wie Zima sie trifft, wird unter dieser Voraussetzung obsolet.[120]

---

[117] Vgl. Barthes 1978, S. 198.

[118] Barthes 1978, S. 129.

[119] Link & Wülfing 1984, S. 9.

[120] Vgl. Zima 1980, S. 82f.

Ein Beispiel für eine literaturwissenschaftliche Analyse der Interdiskursivität von Literatur stellt die Dissertation von Wolfgang Rohe über Gottfried Kellers Roman „Der grüne Heinrich" dar. Rohe versucht darin zu rekonstruieren, wie die Diskurse der Naturwissenschaft, des Rechts und der Geschichte, der Ökonomie und der Psychologie Eingang in Kellers Roman gefunden haben und Wissen zum Entwurf der Protagonisten bereitstellen.[121] Im Gegensatz zu einer materialistischen Methodik erschöpft sich die Arbeit jedoch nicht in der Gegenüberstellung von literarischem und historischem Diskurs bzw. in der reinen Beschreibung des Repertoires an historischem Wissen. Ein solcher Versuch setzt eine Differenzqualität der Literatur gegenüber anderen sozialen Diskursen voraus, die es erst noch zu beweisen gilt. Stattdessen gewinnt Rohes Arbeit ihren spezifisch literaturwissenschaftlichen Charakter dadurch, dass sie das Literarische als eine besondere Form der Konstruktion eines Diskursgeflechts versteht, das im Falle Kellers durch die Diskurse von Naturwissenschaft, Recht, Ökonomie und Psychologie geknüpft ist.[122]

4.2 „Wen kümmert's, wer spricht?"[123] – die literaturkritische Dimension

Im Rahmen der kulturkritischen Dimension von Intertextualität sind bestimmte Kulturtheorien diskutiert worden, die in Ausweitung des Begriffes Text auf jede Form semiotischer Praxis Intertextualität als kulturelles Verweisspiel auf gesellschaftliche Diskurse oder Wissensbestände verstanden haben. Eine solche Einbindung von Intertextualität in eine allgemeine Kulturtheorie steht auch am Anfang der Geschichte der Intertextualität: Der russische Literaturwissenschaftler Michail Bachtin entwickelte in den 30er Jahren seine Theorie des polyphonen Romans, indem er eine spezifische Auffassung vom Kultur- und Geschichtsprozess mit einer dialogischen Sprachtheorie verknüpfte.

Im Gegensatz zu Kristeva, die im Zuge ihrer Bachtin-Lektüren den Begriff der Intertextualität begründete, verstand Bachtin die Welt nicht als Textur, sondern als Dialog. Das dialogische Prinzip erkannte er in der gesellschaftlichen Struktur, im Wort und vor allen Dingen im Roman wieder. Obwohl auch Bachtin dadurch sprach- bzw. sprechakttheoretische Fragestellungen auf die außersprachliche Wirklichkeit übertrug, beschäftigte er sich hauptsächlich mit der Literatur als paradigmatischem Ort eines Dialogs sozial-sprachlicher Horizonte. Insofern bewegt sich seine

---

[121] Vgl. Rohe 1990. S. 13, S.22.

[122] Vgl. ebd., S. 245.

[123] Foucault 1974, S. 7f., 1991, S. 198f.

Romantheorie zwischen der kultur- und der literaturkritischen Dimension von Intertextualität. Sie wird hier als Überleitung und Einstieg in die literaturkritische Dimension von Intertextualität dargestellt.[124]

4.2.1 Vom dialogischen Wort zum Dialog der Texte – Bachtins Romantheorie

4.2.1.1 Bachtins negative Dialektik

Grundlegende Denkfigur der Kultur- und Geschichtstheorie Bachtins ist ein dualistisches Weltbild. Für Bachtin gestaltet sich der gesellschaftliche Prozess als beständiger Kampf zweier sich widerstreitender Kräfte: der zentripetalen Kräfte der gesellschaftlichen, kulturellen und sprachlichen Zentralisation und der zentrifugalen Kräfte der gesellschaftlichen, kulturellen und sprachlichen Dezentralisation.[125] Die zentripedalen Kräfte lassen eine „ptolemäische Welt" entstehen, „ein monolithischernstes, düsteres, streng hierarchisch geordnetes, von Furcht, Dogmatismus, Ehrfurcht und Pietät erfülltes offizielles Leben".[126] Ihre Träger sind für Bachtin zentralisierende Institutionen wie der Staat, die mittelalterliche Feudalherrschaft oder die Kirche. In Opposition zu der von ihnen betriebenen Vereinheitlichung und Strenge entstehe die „galileische Welt" der zentrifugalen Kräfte. Sie sei „frei, voll von ambivalentem Lachen, von Gotteslästerung und Profanation, von unziemlichen Reden und Gesten, von familiärem Kontakt aller mit allen".[127]

Träger der so gekennzeichneten Gegenwelt sei das Volk, der mittelalterliche Karneval und eine Lachkultur. Karneval und Lachkultur sind bei Bachtin nicht immer scharf voneinander zu trennen, da sie der gleichen Denkfigur entspringen und ähnliche Formen aufweisen.

Zusätzlich kompliziert wird die Trennung von Karneval und Lachkultur dadurch, dass bei Bachtin die Unterschiede zwischen den historischen Fonnen und den aus ihnen abstrahierten weltanschaulichen Prinzipien, das karnevalistische Prinzip und das Prinzip des Lachens, verschwimmen.

Da für die Herleitung der Theorie der Dialogizität aus den kulturhistorischen Arbeiten Bachtins die Darstellung des Antagonismus zwischen den zentripe-

---

[124] Clark und Holquist 1984, Danow 1991, Holquist 1990.

[125] Vgl. Bachtin 1979, S. 164f., ders. 1979, S. 324.

[126] Bachtin 1990, S. 57., S.136f.

[127] Bachtin 1990, S. 57.

talen und den zentrifugalen Kräften ausreicht, kann auf eine dezidierte Diskussion der Karnevalsutopie Bachtins an dieser Stelle verzichtet werden. Folgende Hinweise sollen daher genügen: Die Konzeption der Lachkultur wurde von Bachtin im Rahmen seiner Studien zu Rabelais vorgenommen.[128]

Indem der Karneval in seiner karnevalistischen Mesalliance stets das Heilige mit dem Profanen verbindet oder mit Hilfe des Lachens die offizielle Ideologie durch die nichtoffizielle Wahrheit des Volkes auf Zeit usurpiert, macht er deutlich, dass sich die Wahrheit bzw. das gesellschaftliche Leben nie durch eine Aufhebung der Widersprüche herstellt, sondern im Zwischen entsteht, in der Anerkennung der Widersprüche und ihrer beständigen gegenseitigen Provokation.

Bachtin nennt dies die Erfahrung der Ambivalenz, das gleichzeitige Erscheinen einander entgegengesetzter Bereiche, welches sich niemals in reiner Negation erschöpft. Ambivalenz ist dabei Negation und Affirmation. Gesellschaftliche, kulturelle und auch sprachliche Wahrheit befindet sich im Sinne einer negativen Dialektik immer in der Schwebe.[129]

Peter Zima erkennt in dieser Denkfigur Bachtins geistesgeschichtliche Stellung zwischen Hegelianismus und Junghegelianismus. Während das Denken in zwei grundlegenden Widersprüchen und Einschätzung der oppositionellen Kräfte als fortschrittliche Positionen von der Dialektik Hegels und der Klassentheorie de Mans geprägt sind, deutet das Denken der Ambivalenz auf Bachtins Beeinflussung durch Junghegelianer wie Nietzsche. Dessen Antagonismus von apollinischem und dionysischem Prinzip entspricht etwa Bachtins Dualismus von zentripetalen und zentrifugalen Kräften.[130]

Bei Nietzsche und Bachtin gelangen die beiden Gegensätze nie zu einer Synthese, wie in der Dialektik eines Hegel oder Marx, sondern führen einen offenen Dialog, dessen ambivalente, negativ-dialektische Logik zum Motor des Geschichtsprozesses wird.

> „Wie die Junghegelianer, wie Nietzsche, geht er (Bachtin) von der offenen, durch keine bestimmte Verneinung oder Synthese zu bändigenden Ambivalenz aus. Dadurch zweifelt er Hegels systematische, auf totale Erkenntnis und absolute Idee ausgerichtete Dialektik an und entwickelt eine offene, negative Dialektik, die zwar die Einheit der Gegensätze und die Vermittlung, nicht jedoch die Aufhebung im Positiven kennt."[131]

---

[128] Vgl. dazu Bachtin 1990, S. 32f., vgl. ders.1974, S. 296f., vgl. Bachtin 1971 und ders. 1990, vgl. Lachmann 1990, S. 222f.

[129] Vgl. Lehmann 1977, S. 360.

[130] Vgl. Nietzsche 1953.

[131] Vgl. Zima 1991, S. 101, 111 und 119f., vgl. Grübel 1979, S. 46.

Die Form des offenen Dialoges bedeutet jedoch nicht, dass sich die beiden gesellschaftlichen Kräfte im Gleichgewicht befinden: Die Kräfte der gesellschaftlichen Dezentralisation bedürfen der zentralisierenden Kräfte immer zur Ausgestaltung ihrer Formen und Funktionen, da ihnen von den letzteren beständig die Gefahr droht, gezähmt oder verboten zu werden. Das utopische Potential der zentrifugalen Kräfte liegt deshalb nicht in der Antizipation einer „Herrschaft des Volkes" wie bei Marx, sondern in der ständigen Artikulation des gesellschaftlich Anderen, der Relativität alles Seienden, der Mehrdeutigkeit, Körperhaftigkeit und Brüderlichkeit.

Das Spektakuläre der karnevalesken Rituale richtet sich nicht eigentlich gegen die Institutionen, deren Funktionen und Formen lediglich auf Zeit usurpiert werden, sondern gegen jenen Verlust utopischen Potentials, den Dogma, Autorität und eine alternativlose Wahrheit verursachen.[132]

4.2.1.2 Die Dialogizität des Wortes

In den Kulturdualismus von zentripetalen und zentrifugalen Kräften ordnet Bachtin auch sprach- und literarhistorische Phänomene ein. Sprachhistorisch verfolgen die Kräfte der Zentralisierung das Projekt einer von allen Dialektismen und Vulgarismen „gesäuberten" Einheitssprache.

Bachtins Kulturdichotomie von zentripetalen und zentrifugalen Kräften lässt sich als Reaktion auf die zunehmende Vereinheitlichung und Vereinnahmung der Kultur im stalinistischen Rußland der 20er und 30er Jahre lesen. Mithilfe der Theorie des sozialistischen Realismus hatte die kommunistische Partei versucht, vorbildlich proletarische, d. h. volkstümliche von „volksfremder" oder „formalistischer" Literatur zu scheiden.

Demgegenüber propagiert Bachtin einen anderen Volksbegriff, wenn er „das Volk zum Träger demokratischer Kollektivität und wahrer historischer Progressivität" erhebt, weil es gerade die Fülle kultureller Bedeutungen und die „fröhliche Ambivalenz" der Lebenswelt bewahrt.[133] Begriffe wie Redevielfalt oder Dialogizität des Wortes sowie die Favorisierung von Autoren wie Rabelais und Dostojevskijs wenden sich zudem gegen die ab 1934 in der Sowjetunion vorgenommene „Säuberung der literarischen Sprache", bei der man aus bereits publizierten Romanen Dialektismen oder Vulgarismen entfernte und die Sprache glättete.

---

[132] Vgl. Lachmann 1990.
[133] Vgl. Günther 1981, S. 144.

Poetisches Ideal war dabei die Literatur der russischen Klassik wie die Romane Gorkis oder Tolstojs.[134]

Die Einheitssprache ist jedoch im Sinne der Saussureschen langue nur als Abstraktion zu verstehen, da die Kräfte der gesellschaftlichen Dezentralisation ihr gegenüber stets die Vielfalt der (Sozio)-Dialekte behaupten können. Aus den Monosemierungstendenzen der zentripetalen Kräfte entsteht das monologische Wort und mit ihm die Gattungen mit poetischer Einheitssprache, Epos, Lyrik und Drama. Die soziale Redevielfalt der zentrifugalen Kräfte bildet indes das dialogische Wort und als seine eigene Gattung den polyphonen Roman, so Bachtin:

> „Während sich die Hauptvarianten der poetischen Gattungen in der Bahn der vereinheitlichenden und zentralisierenden Kräfte des verbal-ideologischen Lebens herausbildeten, entstanden der Roman und die mit ihm verwandten Gattungen der künstlerischen Prosa historisch im Rahmen der dezentralisierenden, zentrifugalen Kräfte."[135]

Das dialogische Wort ist eine semantische Einheit, in die mindestens zwei verbal ideologische Horizonte eingegangen sind. Verbal-ideologischer Horizont meint bei Bachtin ein Sprachbewusstsein, das aufgrund seiner sozialtypologischen Prägung Bedeutungszuweisungen vornimmt, die sich in einem Wort ablagern. Ein Sprecher kann diese sozialen Konnotationen entweder vorfinden oder sie dem Wort aufgrund seines gnoseologischen und ethischen Verhältnisses zur Welt selbst zuweisen.

> „In der Tat, die sprachliche Form tritt dem Sprechenden [...] nur im Kontext bestimmter Äußerungen, und folglich nur in einem bestimmten ideologischen Kontext gegenüber. Wir sprechen in Wirklichkeit keine Wörter aus und hören keine Wörter, sondern hören Wahrheit oder Lüge, Gutes oder Schlechtes, Angenehmes oder Unangenehmes usw. Das Wort ist immer mit ideologischem oder aus dem Leben genommenen Inhalt und Bedeutung gefüllt."[136]

Alle Sprachen der Redevielfalt stehen, welches Prinzip ihrer Abgrenzung auch zugrunde liegen mag, für spezifische Sichten der Welt, für eigentümliche Formen der verbalen Sinngebung, besondere Horizonte der Sachbedeutung und Wertung.

> „Der Sprecher ist bestrebt, sein Wort mit seinem spezifischen Horizont am fremden Horizont des Verstehenden zu orientieren und tritt in ein dialogisches Verhältnis zu den Momenten dieses Horizonts."[137]

---

[134] Vgl. ebd., S. 154.

[135] Bachtin 1979, S. 166.

[136] Volosinov 1975, S. 120 und 126. Vgl. Bachtin 1979, S. 164 und 242.

[137] Bachtin 1979, S. 175.

An diesem Zitat zeigen sich Ähnlichkeiten und Differenzen der Dialogizitätstheorie Bachtins und der wirkungsgeschichtlichen Hermeneutik: Beide gehen davon aus, dass die Konfrontation zweier Formen des sozial- bzw. wirkungsgeschichtlich geprägten Bewusstseins konstitutiv für den Verstehensakt ist. Während Gadamer jedoch Verstehen als „Vorgang der Verschmelzung solcher vermeintlich für sich seiender Horizonte" definiert, besteht Bachtin auf dem Dialogcharakter des Verstehens. Äußerung und Replik, das eigene und das fremde Wort bedürfen eben nicht einer Synthetisierung, sondern stellen Verstehen dadurch her, dass sie sich beständig aneinander reiben und Sinnhypothesen hervorbringen. Der hermeneutische Zirkel ist bei Bachtin nicht aufhebbar.[138]

Die einzelnen Bedeutungsschattierungen im Wort initiieren seine innere und äußere Dialogizität: die äußere Dialogizität des Wortes vollzieht sich im subjektiven Horizont des Hörers, indem der Rezipient einer Äußerung versucht, in seiner Replik den verbal-ideologischen Horizont des Sprechers zu antizipieren. Die innere Dialogizität konstituiert sich zwischen den verschiedenen Formen des sprachlichen Bewusstseins, die sich des Wortes bereits bedient haben.

> „So findet jedes konkrete Wort, d. h. die Äußerung, jenen Gegenstand, auf den es gerichtet ist, immer schon sozusagen besprochen, umstritten, bewertet vor und von einem ihn verschleiernden Dunst umgeben oder umgekehrt vom Licht über ihn bereits gesagter, fremder Wörter erhellt."[139]

Dabei unterscheidet Bachtin, nicht immer konsequent, zwischen verschiedenen Forinen des sozial-sprachlichen Bewusstseins, die sich eines Wortes bemächtigen können. Die wichtigsten Begriffe der Bachtinschen Poetik sind jedoch die der Rede und der Stimme: Der Begriff der Rede kann mit Sozio- oder Dialekt identifiziert werden und deutet allgemein auf die Prägung einer Äußerung durch die Zugehörigkeit ihres Sprechers zu einer sozialen Gruppe, kann aber auch den situativen oder kommunikativen Kontext einer Äußerung bedeuten.[140]

Stimme meint die je persönliche Ausformung des Gruppen-Dialekts und reflektiert die individuellen Bedeutungszuweisungen aufgrund eines bestimmten Weltbildes. Stimmenvielfalt liegt dort vor, „wo sich innerhalb einer Sprache [und einer Rede] bleibende Sprecher nach ihren Sinnintentionen unterscheiden lassen. "[141] Als Sprache versteht Bachtin den kollektivsten verbal-ideologischen Horizont,

---

[138] Vgl. Gadamer 1990, S. 311.

[139] Bachtin 1979, S. 169. Vgl. auch ders. 1990, S. 129f.

[140] Vgl. Bachtin 1979, S. 157 und 174, vgl. Grübel 1979, S. 52.

[141] Grübel 1979, S. 52.

wie er in Form von Nationalsprachen, größeren Sozio-Dialekten oder Fachsprachen vorliegt.[142] Ein Akzent wiederum verweist auf die ganz individuelle Bedeutungsbetonung im Akt des Sprechens selbst.[143] Ohne den Begriff der Stimme lässt sich der des dialogischen Wortes nicht fassen.

> „Die Stimme ist die Spur vor jeder Spur, sie trägt die Ablagerungen des Wortes vor, dringt in die Geschichte des Wortes im Wort ein [...] Die Stimme dezentriert, überschreitet den Zeichenraum, den das Wort, indem es mit der anderen, der fremden Stimme sich kreuzt, absteckt [...] So wird die Endlichkeit und Fixierung, die Präsenz des Wortes eingeholt, indem die Stimme das Wort in immer andere Kontexte einstimmt oder Stimmen re-evoziert, die im Wort sedimentiert sind [...] Die Stimme, die Stimmen schaffen Dezentrierung, Aufspaltung, Differenzierung. Das vielstimmige Wort wird zum Ort einer verbalen Interaktion, die keinem Zeichenzentralismus unterworfen ist, die sich der Vereinheitlichung widersetzt und die Dominanz des einen Wertakzents, des einen Ideologems unterläuft."[144]

Die Stimme und ihre Zugehörigkeit zu einer sozial determinierten Rede sind kompatible Kategorien zu Foucaults Begriffen von Aussage und Diskurs. Letztere sind jedoch weitaus präziser, weil sie es erlauben, die Rede in ihrer Institutionalisierung und Formierung analytisch zu erfassen.[145] Rohe favorisiert den Begriff des Diskurses gegenüber dem der Rede auch deshalb, weil Bachtin sich die Einbettung seiner Sprachtheorie in ein „genaues Gesellschafts- und Geschichtsmodell" versage.[146] Dieser Einschätzung muss aufgrund der oben ausgeführten Bemerkungen zur Kultur- und Geschichtstheorie Bachtins widersprochen werden, zumindest was das Bachtinsche Geschichtsmodell angeht. Dass der Poetik Bachtins keine dezidiert ausformulierte Gesellschaftstheorie zugrunde liegt, bestreitet die Verfasserin nicht.

Bachtin wendet sich mit seiner soziologischen Stilistik, des dialogischen Wortes gegen eine der führenden literaturtheoretische Strömungen seiner Zeit: den russischen Formalismus. Diesem wirft Bachtin vor, reine „Materialästhetik" zu sein und damit eine Theorie des sprachlichen Kunstwerkes zu entwerfen, ohne dessen Zugehörigkeit zur Einheit der Kultur zu reflektieren.[147]

> „Ohne systematischen Begriff vom Ästhetischen sowohl in seiner Abgrenzung vom Gnoseologischen und Ethischen wie in seinem Zusammenhang mit diesen in

---

[142] Vgl. Bachtin 1979, S. 157, 168 und 181, vgl. Grübel 1979, S. 52.

[143] Vgl. Bachtin 1979, S. 245.

[144] Lachmann 1984, S. 493 und 495.

[145] Rohe 1990, S. 13.

[146] Ebd.

[147] Bachtin 1979, S. 191.

der Einheit der Kultur lässt sich nicht einmal der Gegenstand poetologischer Untersuchung - das Wortkunstwerk - aus der Masse sprachlicher Werke anderer Art ausgrenzen. [...] Kein kultureller Wert, kein schöpferischer Standpunkt kann und darf auf der Stufe der bloßen Existenz, der nackten Faktizität psychologischer oder historischer Ordnung stehenbleiben; allein die systematische Bestimmung innerhalb der Sinneinheit der Kultur überwindet die Faktizität des kulturellen Wertes. "[148]

Zwei Umakzentuierungen Bachtins sind für die folgende Argumentation von Bedeutung. Zum einen kritisiert dieser die von den Formalisten vorgenommene Unterscheidung in die poetische und praktische Sprache: Für Bachtin existiert kein poetisches Sprechen an sich, das vom gesellschaftlichen und historischen Kontext lediglich beeinflusst wird. Sprachliche Strukturen sind stets auch gesellschaftliche Strukturen und umgekehrt. Eine Isolierung des sprachlichen Kunstwerkes verkenne dessen ideologische Disposition.

Zum anderen wendet sich Bachtin mit einer solchen Konzeption des Wortes auch gegen die Begriffe des Systems sowie der literarischen oder außerliterarischen Reihe, wie sie von Tynjanov verwendet wurden.

„Das Wechselverhältnis aller, jeweils als System verstandenen Elemente eines literarischen Werks zueinander und das daraus resultierende Verhältnis zum Gesamtsystem nenne ich: die konstruktive Funktion des betreffenden Elementes [...] Das System der literarischen Reihe ist vor allem ein System ihrer Funktionen: in nicht abreissendem Bezug auf die anderen Reihen [...] Die Autofunktion, das heisst: die Bezogenheit irgendeines Elements auf analoge Elemente anderer Systeme und Reihen, ist die Bedingung der Synfunktion: der konstruktiven Funktion des fraglichen Elements."[149]

Aufgrund des gesellschaftlichen Status von Literatur gibt es für Bachtin keine außerliterarischen Reihen und kein geschlossenes literarisches System: die Polyphonie der im Wort sedimentierten Stimmen macht eine geschlossene Werkstruktur unmöglich.[150]

„Die Stilistik [= die formalistische Schule] war völlig sprachlos gegenüber dem Dialog. Sie stellte sich das literarische Werk als abgeschlossenes und sich selbst genügendes Ganzes vor, dessen Elemente ein geschlossenes System bilden, das ausserhalb seiner selbst nichts, keine anderen Aussagen voraussetzt. Sie kann nicht deren Widerhall in anderen Aussagen wahrnehmen, kann deren stilistischen Sinn

---

[148] Ebd., S. 97f. Vgl. Zima 1991, S. 103f., vgl. Lachmann 1982, S. 54, vgl. Hansen-Löve 1972, S. 522f.

[149] Tynjanov 1967, S. 41 und 51.

[150] Vgl. Rusinko 1979, S. 214f.

nicht in der Wechselseitigkeit erkennen, muss sich also in ihrem einzigen, geschlossenen Kontext erschöpfen."[151]

4.2.1.3 Die Dialogizität des Romans

Spezifisch für den polyphonen Roman ist seine Dialogizität auf der Ebene der Erzählstruktur. Bachtin thematisiert mindestens drei Formen der Dialogizität im Roman:
- innerhalb des romanesken Wortes
- auf der Ebene kleinerer und größerer thematischer Einheiten
- auf der erzählerischen Ebene des Romans

Da Bachtin die dialogischen Momente des Romans jedoch stets nach anderen Gesichtspunkten analysiert, kann eine Klassifizierung danach immer nur ansatzweise erfolgen: Die Formen der Redevielfalt im Roman systematisiert Bachtin hinsichtlich der Kommunikationsebenen im Roman.[152] Währenddessen untersucht er die Dialogisierung in größeren und kleineren thematischen Einheiten wie echter Dialog, Hybride, Stilisierung nach dem Grad der Präsenz der fremden Rede in der entsprechenden Äußerung.[153] Die Typen des Prosawortes klassifiziert Bachtin hinsichtlich der Grade der Objekthaftigkeit des fremden und eigenen Wortes.[154] Insofern täuscht die Einschätzung Grübels, die „Typologie der Bilder fremder Rede gründet auf dem unterschiedlichen Bezug zu den aufeinander bezogenen Sprachsystemen".[155] Instruktiver ist die Klassifikation Todorovs nach Ort, Form und Grad der Dialogizität. Sie nimmt Abstand von einer Unterscheidung nach syntaktischen Einheiten.[156]

     Bachtin unterscheidet hier zwischen vier verschiedenen Ausformungen der Redevielfalt:

---

[151] Bachtin 1979, S. 167.

[152] Vgl. ebd., S. 192f.

[153] Vgl. ebd., S. 244f.

[154] Vgl. ders., 1990, S. 109f.

[155] Grübel 1983, S. 214.

[156] Vgl. Todorov 1984, S. 72f.

1. die Redevielfalt der Erzählsprache in offener und versteckter Form
2. die Redevielfalt der Erzähler
3. der Helden
4. die Redevielfalt der eingebetteten Gattungen.[157]

Auf allen vier Ebenen können sich fremde Stimmen unter die Stimme des Autors mischen und mit dieser in einen Dialog treten. Die Reden der Helden, die im Roman über eine mehr oder weniger große verbal-semantische Selbstständigkeit verfügen, einen eigenen Horizont haben, können gleichfalls, da sie fremde Rede in einer fremden Sprache sind, die Autorintention brechen und daher in gewissem Grade die zweite Sprache des Autors sein.

Bei Bachtin gibt es keinen abstrakten Autor, der als gestaltendes Prinzip den anderen Erzählinstanzen hierarchisch und funktional übergeordnet ist. Die Stimme des Autors stellt vielmehr nur eine Bedeutungsposition in der Polyphonie des Romans dar, die sich mit den Stimmen von Erzähler und Helden messen muss.

Der Sinn dieses offenen Dialogs ergibt sich erst aus der Konfrontation der jeweiligen verbal-ideologischen Horizonte. So erklärt Schmid: „Der abstrakte Autor lässt sich also definieren als dasjenige Prinzip, das in einem Werk die sprachlautliche Schicht, die Bedeutungsschicht und die Schicht der dargestellten Gegenständlichkeiten sowie die ästhetische Organisation und Hierarchie dieser Schichten in der Gesamtstruktur so und nicht anders beschaffen sein lässt. Zugleich ist der abstrakte Autor das hypostasierte ,Spiegelbild' des konkreten Autors, der psycho-physischen Dichterpersönlichkeit, in seinem Werk."[158]

Bachtins Verhältnis zur Person des Autors lässt sich - wie bereits anhand des monologischen Wortes dargestellt - nicht lückenlos bestimmen. Im Rahmen der Aufgaben einer zukünftigen Literaturwissenschaft spricht Bachtin zwar davon, dass diese „die im Bestand des Romans vorhandenen orchestrierenden Sprachen aufdecken, das Ausmaß der Entfernung jeder Sprache von der letzten Sinninstanz des Werkes und die verschiedenen Brechungswinkel der Intentionen in ihnen, ihre dialogische Wechselbeziehung, zu verstehen" habe.[159]

Diese letzte Sinninstanz bezeichnet er an anderer Stelle als „sprachliches (verbal-ideologisches) Zentrum des Romans"[160], d. h. als eine Art Schöpfer-Autor. Andererseits spricht er aber auch davon, dass die fremden Stimmen, die der Autor in seinen Roman aufnimmt, ihm als „zweiten Herrn"[161] dienen bzw. dass die Stim-

---

[157] Vgl. Bachtin 1979, S. 192f. vgl. Bachtin 1969, S. 191f.

[158] Vgl. Kahrmann, Reiß & Schluchter 1986, S. 43, vgl. Schmid 1973, S. 14.

[159] Bachtin 1979, S. 295.

[160] Ebd., S. 308.

[161] Bachtin 1969, S. 191.

me des selbstbewussten Helden nicht mit der Stimme des Autors verschmelzen darf.[162]

> „Der Autor, jedoch, der alle Helden im großen Dialog des Romans aufeinander stoßen lässt, lässt diesen Dialog offen, setzt keinen Schlusspunkt."[163] Auch erklärt Bachtin schon einige Jahre zuvor: „Der Autor kann keinen Helden erfinden, der nicht in gewisser Weise selbständig in Bezug auf den ihn bejahenden und gestaltenden schöpferischen Akt des Autors wäre."[164]

Aufbauend auf den oben bereits erwähnten Formen der Dialogizität im Roman hat der Dostojewski-Forscher Wolf Schmid ein Kommunikationsmodell des erzählerischen Werkes entwickelt. Er übernimmt für dieses Modell Bachtins wegweisende Unterscheidung zwischen einem Autor, einem Erzähler, der eine Erzählstrategie verfolgen kann, die von der des Autors unabhängig ist,[165] und den dargestellten Figuren - er bestreitet jedoch, dass diese letzteren Instanzen eine andere Bedeutungsintention verfolgen können, als die des Autors.[166] „Die von Bachtin angeregte Prämisse meiner Arbeit lautet: Der Sinn eines Prosawerkes wird nur erkennbar, wenn die sich im Erzählen direkt oder indirekt geltendmachenden fiktiven Instanzen (Erzähler, Personen, fiktiver Leser) in all ihren Erscheinungsformen als Träger einander entsprechender oder miteinander streitender Bedeutungspositionen verstanden werden. Die Gegenthese zu Bachtin lautet:

> „In Dostojewskis Werken gibt es keine Polyphonie autonomer, vom schaffenden Autor emanzipierter Stimmen; eine solche Konfiguration ist im erzählenden literarischen Werk auf Grund seiner Seinsschichtung gar nicht denkbar."[167]

Trotz der Widersprüchlichkeiten in der Argumentation Bachtins bedeutet die Negation der bei Bachtin angelegten und teilweise auch ausgeführten Vorstellung von einem offenen Text eine Reduktion im Sinne einer hermeneutischen Fundierung des Textes als in sich geschlossenes Werk.

Bachtins Unterscheidung zwischen dem Äußernden einer Rede und dem verbalideologischen Horizont, dem diese Rede angehört, ist allerdings problematisch. Dass er diese Differenzierung mit Hilfe desselben Adjektivs fremd vornimmt, stiftet zusätzliche Verwirrung. Während die Bestimmung einer „fremden Rede in

---

[162] Vgl. ders. 1990, S. 91.

[163] Ebd., S. 68.

[164] Ders.1978, S. 274.

[165] Vgl. Bachtin 1979, S. 204.

[166] Vgl. Schmid 1973.

[167] Ebd., S. 14.

einer [...] fremden Sprache"[168] kaum Probleme bereitet, ist unter eigener Rede in einer fremden Sprache demnach eine Sprachhandlung zu verstehen, die ein Sprecher zwar selbst vornimmt, bei der er sich jedoch eines ihm fremden verbal-ideologischen Horizontes bedient. Die Objekthaftigkeit des fremden Wortes in der eigenen Rede kann dabei schwanken.

Der Sprecher hat die Möglichkeit, sich einer fremden Rede total zu bedienen, d. h. sie als gegenständlich gerichtetes oder dargestelltes Wort seinen eigenen Bedeutungsintentionen zu unterwerfen d. h. als monologisches Wort zu verstehen. Er kann aber auch die fremde Rede neben seiner bestehen und den fremden verbal-ideologischen Horizont in eine aktive dialogische Spannung zu seinem Bedeutungshorizont treten lassen.[169] Hier wiederholt sich die Logik der Ambivalenz auf der Ebene der Dialogizität des Romans.

Dennoch ist Bachtins Argumentationslinie an dieser Stelle nicht konsequent. Seine Theorie der Dialogizität des Wortes und des Romans wird dadurch prekär, dass der Sprecher einer Äußerung in der Lage ist, Dialogizität zuzulassen oder nicht. Die Idee eines monologischen Wortes, dessen sich ein Sprecher bedienen kann, bedeutet, dass der verbal-ideologische Horizont des Sprechers potentiell bedeutungsmächtiger ist als der verbal-ideologische Horizont der fremden Rede. Dieser Umstand hat in der Bachtin-Rezeption zu Unklarheiten geführt, die für die gesamte Intertextualitätsdebatte, so wie sie um die Faktoren der literarischen Kommunikation geführt wird, prägend sind.

4.2.2 Die Intertextualitätstheorie als Provokateur hermeneutischer und strukturalistischer Konzepte der Literaturwissenschaft

Vom Dialog der Stimmen führt ein direkter Weg zum Dialog der Texte, zur Intertextualität. Diese ist in Bachtins Werk angelegt, wenn auch nicht explizit ausgeführt. Anschlussstellen finden sich insbesondere in seiner Schrift „Das Wort im Roman" im Rahmen der literarhistorischen Bemerkungen,[170] bei der Thematisierung der literarischen Parodie, der Sprachenvielfalt im humoristischen Roman, den eingebet-

---

[168] Bachtin 1979, S. 203.

[169] Vgl. Bachtin 1990, S. 109f., vgl. Bachtin 1963, S. 222f. Vgl. auch Kristeva 1972, S. 356f. und Todorov 1984, S. 70.

[170] Vgl. Bachtin 1979, S. 251f.

teten Gattungen, den fremden Einflüssen auf den Autor sowie bei der Beschreibung von Umakzentuierungen sogenannter typischer Figuren[171].

Bei seiner Untersuchung zum Werk Dostojewskis legt Bachtin auch die Übernahme von Motiven und Themen aus den Texten Gogols und Puschkins dar[172]. Insofern spricht Pfister davon, dass es sich bei Bachtins Poetik um eine „dominant intratextuelle Theorie"[173] handelt, da Bachtin bei seiner Analyse fremder Textelemente lediglich den Bedeutungszuwachs im eigentlichen Text untersucht. Seine Denkfigur der Ambivalenz eröffnet jedoch den Blick auf den Intertext, d. h. auf den Raum des Dialoges zwischen Text und Prätext.

Während Bachtin jedoch zwischen dem monologischen und dem dialogischen Wort unterscheidet und sogar monologisierende Tendenzen in seiner bevorzugten Gattung, dem Roman, konstatiert, sollen im folgenden Konzepte diskutiert werden, die Intertextualität nicht als spezifische Qualität eines Textes auffassen, sondern mit Literarizität identifizieren.

Derartige Konzeptionen leiten sich aus Konkretisationen poststrukturalistischer Theoreme für spezifische Fragestellungen der Literaturtheorie ab. Unter Text wird dabei nicht mehr jede semiotische Praxis verstanden, sondern der Text als schriftlich fixierte sprachliche Äußerung. Intertextualität ist damit nicht mehr der interdiskursive, sondern vor allen Dingen der interliterarische Verweis.

Einen linguistischen Versuch, Intertextualität als notwendige Bedingung jeder sprachlichen Äußerung zu bestimmen, stellt die Arbeit von de Beaugrande und Dressler dar. Beide verstehen Intertextualität neben Kohäsion, Kohärenz, Intentionalität, Akzeptabilität, Informativität und Situationalität als eines von sieben Kriterien der Textualität. Intertextualität betrifft dabei „die Faktoren, welche die Verwendung eines Textes von der Kenntnis eines oder mehrerer vorher aufgenommener Texte abhängig macht."[174] Unter Intertextualität verstehen de Beaugrande und Dressler hauptsächlich das Wissen um Kommunikation, Kommunikationsmaximen oder um die richtige Rezeption und Produktion von Textsorten.[175]

Da Intertextualität hier lediglich als deskriptiver Begriff für die Bezugnahme auf andere Texte bzw. Textsorten verwendet wird und die Autoren keinen Versuch unternehmen, die Bezugnahme in ihren Strukturen und Funktionen genauer zu beleuchten, ist dieser linguistische Beitrag zur Intertextualitätsdebatte nicht sehr

---

[171] Vgl. ebd. S. 199, 201, 209f., 234 und 299.

[172] Bachtin 1990, S. 65 und 71.

[173] Pfister, 1985, S. 4.

[174] De Beaugrande & Dressler 1981, S. 12f.

[175] Vgl. ebd., S. 207.

brauchbar. Instruktiver ist von linguistischer Seite aus der Versuch Klaus Zimmermanns, die Transformationsmodi von Intertextualität zusammenzustellen.[176]

Jenny erklärt dazu: „Without intertextuality, a literary work would simply be unintelligible, like speech in a language one has not yet learned."[177]

Die Darstellung von Bachtins Romantheorie hat gezeigt, wie sich die Intertextualitätstheorie bereits in ihren Anfängen kontrovers mit traditionellen Konzepten der Literaturwissenschaft auseinandersetzt. Analog zu Bachtins Kritik an der Sprach- und Literaturkonzeption des russischen Formalismus haben sich Julia Kristeva und andere mit ihren Adaptionen der Gedanken Bachtins gegen hermeneutische und strukturalistische Literaturvorstellungen gewandt. Diese Linie ist in der Folgezeit fortgeführt worden und wird im Folgenden dargestellt.

Auf der anderen Seite haben die Vertreter Bachtin und Kristeva deutlich gemacht, dass sich eine Intertextualitätstheorie an den traditionellen literaturtheoretischen Konzepten abarbeitet, indem sie die Faktoren der literarischen Kommunikation neu akzentuiert und ihr Verhältnis bestimmt. Daher sollen im weiteren Verlauf der Argumentation die jeweiligen Beiträge der Intertextualitätskonzepte zu den literaturtheoretischen Kategorien Text, Autor und Leser diskutiert werden.

4.2.2.1 Text

4.2.2.1.1 Entgrenzung des Textes

Bachtin definierte den Roman als künstlerisch organisierte Redevielfalt, als Polyphonie der im Roman sedimentierten Stimmen, die durch den verbal-ideologischen Horizont des Autors nicht gänzlich zu usurpieren sind. Damit zweifelt er eine Instanz an, die durch ihre vermeintlich homogene Bedeutungsintention die Totalität und Abgeschlossenheit des literarischen Textes garantiert hatte. Er öffnet den Text von innen heraus, indem er ihn zu zwei oder mehreren Stimmen erklärt, in der keine der Bedeutungsinstanzen des Textes, d. h. weder Autor, Erzähler noch eine Figur den „Sieg" davontragen kann.[178]

Gemäß seiner Denkfigur der Ambivalenz existiert Textsinn nur als Widerstreit von Bedeutungspositionen und ist daher weder im Text als Intention, noch

---

[176] Vgl. Zimmermann 1978, S. 187.

[177] Jenny 1982, S. 34. Vgl. auch Genette 1993, S. 11 und 19 sowie Pfister 1985, S. 13.

[178] Vgl. Bachtin 1979, S. 157 und ders. 1990, S. 119.

außerhalb des Textes als sozialhistorisch rekonstruierbare Textbedingung lokalisierbar. Textsinn manifestiert sich stattdessen auf einer transtextuellen Ebene.

Zahlreiche Konzepte der Intertextualität haben diese Vorstellung von Bachtin radikalisiert, indem sie die dialogische Struktur von der intratextuellen auf die intertextuelle Dimension, d. h. auf den Dialog des Textes mit den ihn umgebenden fremden Texten übertrugen. Der Öffnung des Textes über die internen Bedeutungspositionen fügten sie damit eine Auflösung des Textes in ein literarisches Verweisspiel hinzu. In der Einleitung zu seinem Buch „A Map of Misreading" formuliert Bloom daher apodiktisch: „There are no texts, but only relationships between texts."[179]

Die Situierung des Textes in einem Netz von anderen Texten verwischt die Grenzen zwischen Text und Nicht-Text, zwischen eigenem und fremdem Text und stellt so den traditionellen Textbegriff selbst zur Disposition. Denn ein Text wird sowohl von hermeneutischer als auch von strukturalistischer Seite aus nicht nur als eine nach einem bestimmten Prinzip organisierte bzw. strukturierte, sondern auch als eine begrenzte Menge von Aussagen verstanden, so Lachmann: „Der Text, zugleich Dialog und Thema eines Dialoges, schreibt sich im Gespräch mit sich selbst, über seine Grenzen hinaus."[180] Und Frey führt an: „In der Beziehung werden die Texte durchlässig füreinander, jeder dehnt sich in den anderen hinein aus."[181]

Lässt sich aus einer Flut von Zeichen keine bestimmte Menge mehr individualisieren und als zusammengehörig identifizieren, untergräbt man eine der Bedingungen für die Möglichkeit der Anwendung entsprechender Textanalyseverfahren.

Die Grenzen eines Buches sind nie sauber und streng geschnitten: über den Titel, die ersten Zeilen und den Schlusspunkt hinaus, über seine innere Konfiguration und die es autonomisierende Form hinaus ist es wie ein Knoten in einem Netz in einem System der Verweise auf andere Bücher, Texte und Sätze verfangen. Plett geht davon aus, dass der Text auf seinen drei Ebenen, d. h. syntaktisch, semantisch, pragmatisch, durch entsprechende Verfahren seine Extension, Delimitation und Kohärenz erfährt.[182] Lotman hingegen nennt als Merkmale für den Text Explizität, Begrenztheit und Strukturiertheit bzw. Regelhaftigkeit.[183]

---

[179] Bloom 1975, S. 3.

[180] Vgl. Lachmann 1984, S. 509 und dies. 1990, S. 385.

[181] Frey 1990, S. 22.

[182] Vgl. Plett 1979, S. 57.

[183] Vgl. Lotman 1972, S. 83-86.

4.2.2.1.2 Text als Produkt und Produktivität

Der Text ist nicht nur der Austragungsort eines intra- und intertextuellen Dialoges. Er ist als manifester Text auch Produkt eines dialogischen Verhältnisses zu seiner eigenen Tradition. Analog zum Konzept der generativen Transformationsgrammatik nach Chomsky entwickelte Kristeva ihr Modell der Autogeneration der Texte durch das Prinzip der Intertextualität.

Durch den intertextuellen Bezug werden aus dem Geno-Text, verstanden als texte generale die Motive, Strukturen, Aktanten des Phäno-Textes generiert. Der Geno-Text stellt die Ebene der Kompetenz, d. h. langue, der Phäno-Text die Ebene der Performanz, d. h. parole dar.

Bei der Entwicklung von Kristevas Modell der Textproduktion standen neben Chomsky noch zwei weitere Konzepte Pate. Zum einen bestimmte Kristeva die beiden Textebenen im Anschluss an das Prinzip der Traumarbeit in der Psychoanalyse. Analog zum Es, dem verdrängten, aber komplett gespeicherten Bereich der Lebensgeschichte, und dem Ich als dem individuellen und damit notwendigerweise selektiv vefahrenden Selbstverständnis, erzeugt der Geno-Text als kultureller Speicher den historisch und sozial bestimmbaren Phäno-Text:

> „Den beiden Strukturtypen, der Kompetenz und der Performanz, entspricht einmal der Geno-Text, d. h. die Ebene, auf der der Text gedacht, transformiert, produziert, generiert wird, zum anderen der Phäno-Text, d. h. die Ebene des vollendeten Textes, des Phänomens Text, dieses Sediments, in dem der Produktionsprozess hin- und herschwingt und der stets weniger als der dem Produkt voraufgehende Transformationsprozess ist."[184]

Kristevas Modell weist auch deutliche Bezüge auf zu den posthum veröffentlichten Anagramm-Studien von de Saussure. Dieser zeigt hier an antiken Poemen, wie sich unter dem manifesten Text ein zweiter, anagrammatisch verschlüsselter Text, der Eigenname des Dichters oder des Mentors, dechiffrieren lässt. Daraus entwickelte er die Vorstellung von der Mehrschichtigkeit des literarischen Diskurses.

Bei der Erzeugung eines poetischen Textes wird immer von einem bereits bestehenden Signifikanten, z. B. einem Eigennamen, ausgegangen, dessen phonetische Bestandteile zu einem neuen Signifikanten verarbeitet werden.

Der anagrammatisierte Eigenname ist von der Textoberfläche sozusagen verschwunden, die dennoch diesen Eigennamen enthält und diesen sogar in besonderer Weise hervorhebt. Der Eigenname verliert seine Identität, die durch die linea-

---

[184] Kristeva 1971, S. 498. Vgl. Hempfer 1976, S. 45.

re Sukzession seiner Phoneme garantiert war, und existiert nur in verstreuter, bruchstückhafter Form weiter.

In beiden Theorien fand Kristeva Ansätze für eine Konzeption des Textes, der sowohl Produkt als auch Produktivität ist. Als Produkt ist er das Resultat eines Generierungsprozesses, bei dem tradiertes, gespeichertes, verdrängtes Textmaterial zu einem neuen Text transformiert wird. Als subjektlose Produktivität schreibt er sich selbst, in dem er sich in Beziehung setzt zu allen synchron und diachron verfügbaren Texten.[185]

> „Saussure hat es am poetischen Text aufzuzeigen versucht, den er anagrammtisch zu rekonstruieren versuchte: Die poetische Aussage, die eine Tatsache der parole ist, konstituiert sich nicht nur mittels der Worte, die sie der langue entnimmt, sondern geht wesentlich aus vorgängigen Wörtern anderer Texte hervor, die vom individuellen, schöpferischen Bewusstsein nicht unmittelbar und autonom gewählt sind."[186]

In diesem Zusammenhang definieren wir den Text als translinguistischen Mechanismus, der die Anordnungen der Sprache umgestaltet, indem er eine kommunikative Parole, deren Zweck die unmittelbare Information ist, zu vergangenen oder gleichzeitig wirkenden Aussagen in Beziehung setzt. Folglich ist der Text eine Produktivität[187]: „The Text is experienced only in an activity of production."[188]

Das Prinzip der Intertextualität als Textgenerierungsprozess restituiert den Gegensatz von langue und parole, den Bachtin gerade deswegen kritisiert, weil er ein einheitliches, monologisches Sprachsystem voraussetzt, auf dessen Konkretisation jede sprachliche Äußerung zurückgeführt werden kann.

Nach Bachtin sind die Elemente des Zeichensystems durch Invarianz und Kontextunabhängigkeit gekennzeichnet. Er spricht in dem Zusammenhang vom sprachwissenschaftlichen Reflex auf eine Säuberung der Sprache von der konkreten Redevielfalt. Indem Bachtin damit anerkennt, dass keine sprachliche Wirklichkeit außerhalb von Äußerungen, d. h. außerhalb der Kontexte und Intentionen der Sprachverwendung, existiert, fällt Kristeva mit der Definition des Textes als Produkt hinter Bachtin zurück. Erst die Auffassung vom Text als productivite überträgt zentrale Thesen Bachtins in eine Theorie der Intertextualität.

Die Vorstellung vom Text als Produkt und Produktivität der literarischen Tradition untergräbt die hermeneutische Auffassung von der Originalität und Authentizität des literarischen Kunstwerkes. Wenn der Text sich durch den Bezug auf

---

[185] Brütting 1976, S. 139. Vgl. Geier 1985, S. 10.
[186] Starobinski 1980.
[187] Kristeva 1977, S. 194.
[188] Barthes 1977, S. 157.

fremde Texte schreibt, dann ist er keine creatio ex nihilo, sondern unvermeidbar ein Plagiat, hier verstanden als ein von den Intertextualitätstheoretikern positiv besetzter Begriff, oder wie Federman es in einem ironischen Wortspiel als „Playgiarism" definiert: Für Federman hat die Literaturwissenschaft nachzuweisen,

> „how [...] imagination does not invent to something-new we too often attribute to it, but rather how (consciously or unconsciously) it merely imitates, copies, repeats, proliferates - plagiarizes in other words - what has always been there."[189]

Erstellen von Literatur bedeutet damit in erster Linie Erstellen aus Literatur, das heißt Weiter-, Wider- und Umschreiben.

Als Produktivität ist der Text zudem immer in Textbeziehungen eingebunden, die seine Bedeutungsstruktur nie zur Ruhe kommen lassen, sondern den Text in ein dynamisches Geflecht von Textverweisen auflösen. Der Text verliert dadurch punktuell seine Identität. Statt eines mimetischen oder expressiven Verhältnisses zur außersprachlichen Wirklichkeit konstituiert sich der Text nach dem Prinzip der Kontiguität.[190] Wichtigstes Moment der energetischen Berührungen zwischen Text und Prätext(en) ist die Reziprozität dieser Textbeziehungen. Die Sinndynamisierung als eine Bewegung des Textes, seine Produktivität erfasst Text und Prätext gleichermaßen und ersetzt den Text durch textuelle Kontingenz:

> „Aus der These, wonach die Textbeziehung als Text zu lesen ist, ergibt sich als wichtigste Folge, dass sie reziprok ist. [...] In der reziproken Textbeziehung sind Prophezeiung und Erinnerung gleichberechtigt und im Text der Beziehung gleichzeitig."[191]

Die Vorstellung einer reziproken Textbeziehung verstößt nicht nur gegen den traditionellen Textbegriff, sondern vor allem gegen eine Kanonisierung des Textes als Werk. Sowohl Hermeneutik als auch Strukturalismus betonen beim Terminus Text stärker den Aspekt des Gemachtseins bzw. den materiellen Charakter einer schriftlich fixierten sprachlichen Äußerung, während der Begriff des Werks den Charakter der Abgeschlossenheit und Totalität des literarischen Objektes reflektiert.[192] Der kanonisierte Text besitzt als Werk einen konsistenten Sinn, der nicht nur vom Verlauf der (Literatur-)Geschichte, sondern auch von den verschiedenen Möglichkeiten der Bezugnahme auf ihn, wie Kommentar, Interpretation, Zitat etc., unberührt bleibt.

---

[189] Federman 1976, S. 565. Vgl. Frey 1990, S. 22f.

[190] Vgl. Lachmann 1990, S. 67 und 385., dies. 1984, S. 509.

[191] Frey 1990, S.8.

[192] Frank 1982, S. 141f., Harth & von Hofe 1982, S. 18f.

Der Text als Werk ist sich selbst stets eigentlich, authentisch und original. Lotman definiert den Text als den „materiell fixierten Aspekt des Werkes".[193] Brütting leitet den authentischen Charakter des Textes von seiner Verwendung in den theologischen Disziplinen zur Bezeichnung der Heiligen Schrift ab. Im modernen Verständnis von Text bzw. Werk ist nach seiner Darlegung ein „theologischer Rest" zurückgeblieben, der dafür verantwortlich ist, dass mit Text bzw. Werk ein autonomes sprachliches Gebilde assoziiert wird. Um es in Foucaultschen Termini auszudrücken: der kanonisierte Text wird von der Hermeneutik als Dokument gelesen, als „eine zum Schweigen gebrachte Stimme", „als deren zerbrechliche, glücklicherweise aber entzifferbare Spur"[194]. Gegen die Vorstellung einer autonomen Textstruktur polemisieren allerdings Konzepte der Intertextualität. Wellbery erläutert, dass der emphatische Kontingenzbegriff der Poststrukturalisten gerade die Funktionalität der Sprache bestreitet und die Voraussetzung ist für die eingeschränkte Kontingenz der phänomenologischen und strukturalistischen Sprachtheorie.[195]

Dieser Werkbegriff gilt auch für die ideologiekritische Hermeneutik nach Habermas, nicht trotz, sondern gerade wegen ihrer Versuche, den Text gegen den Strich zu lesen. Eine solche Interpretationsarbeit setzt voraus, dass sich durch diese Lesart die wahre und unterdrückte Bedeutung des Textes, also die sozusagen zum Schweigen gebrachte Stimme, finden lässt.

So erklärt Müller: „Werke sind weder zeitlose Substanzen noch fixe Identitäten. Sie enthalten keinen korrespondenztheoretisch abgesicherten Wahrheitsanspruch, der Objektivitätseffekte suggeriert. Vielmehr sind sie machtimprägnierte, künstlerisch-kunstvoll hergestellte disperse Einheiten, die sich wesentlich aus Differenzen ergeben, Identitätseffekte erzeugen und stets in intertextuelle Zusammenhänge eingelagert sind."[196] Barthes propagiert daher in seinem Essay „From Work to Text" dafür, den Begriff des Werkes aufzugeben und stattdessen den Terminus Text zu verwenden, verstanden als produktiv pluralen Inter-Text, der nicht mehr auf ein Signifikat zurückgeführt werden kann:

---

[193] Lotman 1972, S. 82. 55 Vgl. Brütting 1976, S. 22 und 24, vgl. Harty 1985, S. 2.

[194] Foucault 1992, S. 14. Vgl. Frey 1990, S.15f.

[195] Vgl. Wellbery 1992, S. 162f.

[196] Müller 1988, S. 239., vgl. Foucault 1992, S. 36f., vgl. Kammler 1990, S. 45., vgl. Kammler 1986, S. 76f., vgl. Kremer-Marietti 1976, S. 101.

„The work itself functions as an institutional category of the civilization of the Sign. The Text, on the contrary, practises the infinite deferrnent oft the signified, is dilatory. The work is closed on a signified. [...] The Text is plural."[197]

Gegenüber einer solchen Bestimmung von Intertextualität als kontingentes Sprachspiel entsprechend Wittgenstein will Stierle den Intertextualitätsbegriff jedoch nur dann verwendet sehen, wenn die Referenzbeziehung zu einem anderen Text durch eine in der Sache liegende Begründung motiviert ist: „Intertextualität verlangt immer auch eine in der Sache liegende Begründung, wenn sein Aufwand an verlangter Aufmerksamkeit nicht ins Leere eines bloßen Bildungsspiels laufen soll."[198]
Dies bedeutet für ihn, dass Text und Prätext

1. über eine semiotische Relation verfügen müssen, indem der denotativ gegebene Zeichenzusammenhang auf den Prätext als einen konnotativ aufgerufenen zweiten Text verweist;
2. eine phänomenologische Relation im Sinne eines Thema-Horizont-Verhältnisses bilden;
3. eine hermeneutische oder pragmatische Relation dadurch demonstrieren, dass der Bezug auf einen Prätext einem Sachzwang entspringt.

Intertextualität bedeutet danach nicht Öffnung und Kontingenz des Textes, sondern Komplexion seiner inneren Identität.

„Die intertextuelle Relation ist Moment der Identität des Textes selbst und gewinnt nur im Hinblick auf diese ihre spezifische Bedeutung. Im Text bzw. im Werk ereignet sich die neue Erfahrung als Reorganisation eines vorgängigen Wissens, dass erst durch diese neue Gestalt seine Prägnanz und seine innere Kohärenz erhält. (...) Dialogisch in einem genaueren Sinn kann der Bezug zwischen Texten nicht heißen. Jeder Text macht den herein geholten Text zum Moment seiner eigenen Bewegung."[199]

Stierles Beitrag zur Intertextualitätsdebatte ist nur ein Beispiel dafür, wie von strukturalistischer Seite versucht wird, das Konzept der Intertextualität, das sich durch die Theoreme von Kristeva, Barthes und anderen weit vom traditionellen Literaturwissenschaftsbetrieb entfernt hatte, zu reakademisieren und den strukturalsemiotischen Textbegriff wiedereinzusetzen.
    Stierles dreidimensionales Relationsmodell orientiert sich an den drei Ar-

---

[197] Barthes 1977, S. 158 und 160.
[198] Stierle 1983, S. 11. Vgl. auch ebd., S. 13f.
[199] Ebd., S. 17.

beitsfeldem der Semiotik, die sich auch als drei Ebenen des Textes beschreiben lassen: syntaktische, semantische und pragmatische Textebene.

Plett definiert den Text auf der syntaktischen Ebene als „abgeschlossene (emische) und zusammenhängende (kohärente) Sequenz von [mindestens] zwei Sätzen."[200] Diese Ebene ist so mit dem Begriff der phänomenologischen Relation bei Stierle vergleichbar. Auf der semantischen Ebene ist der Text nach Plett als referentielle Bedeutungseinheit bestimmt, die spezifische Ausschnitte aus einem Wirklichkeitsmodell denotiert bzw. konnotiert.[201] Dies ist vergleichbar mit Stierles Begriff der semiotischen Relation.

Auf der pragmatischen Ebene schließlich bedeutet Text ein kommunikatives Handlungsspiel zwischen einem Sender (Textproduzent) und einem Empfänger (Textrezipient) oder schlichter der Text als Handlung.[202] Ähnlich wie Stierle versucht Plett den semiotischen Textbegriff in eine Intertextualitätstheorie hinüberzuretten. Als syntaktische Intertextualität definiert sie die Relationen zwischen den Texten als pragmatische Intertextualität die Relationen zwischen Sender, Empfänger und Intertext sowie als semantische Intertextualität die Referentialität des Intertextes.

Poststrukturalistische Konzepte der Intertextualität bestreiten, dass sich der intertextuell organisierte Text mit den Mitteln der Semiotik angemessen beschreiben lässt: Auf der syntaktischen Ebene erweist sich der Text aufgrund seiner Referenzbeziehungen nicht mehr als abgeschlossene und kohärente Folge von Sätzen. Vielmehr erscheint die syntagmatische Achse als beständig gebrochen durch Verweise auf intertextuell potenzierte Paradigma oder nach Kolkenbrock-Netz:

> „Auch der narratololgische Textbegriff stößt an seine Grenzen, wenn die „Textoberfläche" als Ort einer mehrfachen historischen Diskursivierung begriffen wird bzw. sich in differente Diskursartikulationen auflöst, welche durch die Artikulation eines narrativen Schemas nur scheinbar kohärenziert werden."[203]

Auf der semantischen Ebene versperrt der plurale Text die Rekonstruktion seiner Bedeutungspotentiale in Form von Denotationen und Konnotationen. Unter der Voraussetzung der Produktion und Produktivität der Texte in der Bibliotheque universal existiert keine Textbedeutung in Reinform, sondern immer nur als Spur von und in Interferenz auf andere Texte. Die Kontiguität der Texte im Text macht es auf der pragmatischen Ebene unmöglich, weiterhin vom Text als von einem

---

[200] Plett 1979, S. 70.

[201] Vgl. ebd., S. 107.

[202] Vgl. Schmidt 1976, S. 145, vgl. Stierle 1977, S. 174. Vgl. auch ders. 1975.

[203] Kolkenbrock-Netz 1988, S. 277f.

intentionalen Kommunikat zwischen einem Sender und einem kollektiven Empfänger, dem Publikum, zu sprechen, denn die intertextuelle Organisation des Textes potenziert die Teilnehmer am intertextuellen Dialog, so dass die Lokalisierung einzelner Kommunikationsinstanzen schwerfällt.

4.2.2.1.3 Sinnkomplexion und Sinndispersion des Textes

Die Auflösung des hermeneutischen und struktural-semiotischen Textbegriffes bedeutet auch eine Distanzierung von Konzepten, die den literarischen Text als das „System seiner invarianten Regeln"[204] definieren. Gegen einen solchen Begriff von Literatur opponiert Kristeva, wenn sie die romantheoretischen Schriften für den Versuch einer Dynamisierung des Strukturalismus benutzt, da Bachtin als einer der ersten den statischen Textbegriff von Hermeneutik und Strukturalismus durch ein Modell ersetzte, „in dem die literarische Struktur nicht ist, sondern sich erst aus der Beziehung zu einer anderen Struktur herstellt."[205]

Diese oben bereits thematisierte Vorstellung von der productivité des Textes bezieht sich jedoch nicht nur auf seine materielle Verfasstheit, sondern vor allen Dingen auf seine Sinnkonstitution. Indem der Text auf fremde Texte zurückgreift und sie in seine Struktur integriert, flicht er auch deren Bedeutungspotentiale in seine Textur ein. Da die Sinnhorizonte, die in den neuen Text hereingeholt werden, ihre Stimme nicht verlieren oder mit der Stimme des zitierenden Textes eine Synthese bilden, sondern im Sinne des Konzepts der Ambivalenz bei Bachtin in einen Dialog mit den anderen Bedeutungsintentionen des Textes eintreten, kann es keine endgültige oder einmalige Wahrheit des Textes geben. Stattdessen entfaltet der intertextuell organisierte Text nur, wie Bachtin es nennt, „Hypothesen des Sinns"[206]. Kristeva definiert in Anschluss an Bachtins Vorstellung von der Ambivalenz des Sinns den poetischen Kode als 0/2-Logik, d. h. als Form der Logik, die das aristotelische Denken in 0/1-Identitäten außer Kraft setzt.[207]

Die ambivalente Struktur des intertextuell organisierten Textes bezeichnet Lachmann als Sinnexplosion. Mit diesem Begriff, der eine zerstörerische Entladung großer Mengen Energie evoziert, soll den zwei widerstreitenden Sinnintentionen der Intertextualität Rechnung getragen werden, der Sinnkomplexion und der Sinn-

---

[204] Lotman 1972, S. 87.

[205] Kristeva 1972, S. 346.

[206] Bachtin 1979, S. 255.

[207] Vgl. Kristeva 1972, S. 353 und dies. 1972, S. 189, 195 sowie dies. 1971, S. 495.

diffusion.[208] Der Gebrauch der oben genannten Begriffe ist bei Lachmann nicht so konsequent, wie es hier den Anschein hat.

Vor allem der Terminus Sinnexplosion wird im Gegensatz zu der hier vorgenommenen Definition häufig mit Sinnkomplexion oder Sinndynamisierung gleichgesetzt. Aufgrund seines Symbolcharakters eignet sich der Begriff allerdings deutlich adäquater als Oberbegriff für Sinnkomplexion und Sinndiffusion.

Sinnkomplexion vollzieht sich dadurch, dass der Text die Sinnpotentiale der anderen Texte, die in den Text einfließen oder auf die er sich parodierend, imitierend, negierend bezieht, in sich ablagert. Die Spuren der fremden Texte bleiben so im Text lesar und führen zu einer Akkumulation von Sinn.

Auf der anderen Seite bedeutet diese Sinnpotenzierung auch eine Sinndiffusion, da die sich im Text begegnenden Sinnpotentiale jeweils ihren Anspruch auf Wahrheit deutlich machen. In der Komplexion destruieren sich die Sinnpotentiale gegenseitig. Dieses scheinbare Paradoxon von Sinndispersion durch Sinnkomplexion lässt sich leichter begreifen, wenn man auf das Konzept der dekonstruktiven Rhetorik Paul de Mans rekurriert. De Man versteht unter Rhetorik den unauflösbaren Widerspruch zwischen der grammatikalischen und der figurativen Bedeutung eines Satzes oder Textes.

> „'Sinn' wird hier (= im Rahmen der Literaturtheorie der Tel Quelisten) nicht begriffen als ein unvermitteltes In-sich-Ruhen einer ‚Evidenz' oder als die unverrückbare Gegenwart der ‚Wahrheit', die hinter transparenten Zeichen aufscheint, sondern bedeutsamer ist das Spiel von Verweisungen und Bezügen, durch das sich ‚Sinn' erst konstituiert. Das einzelne Zeichen für sich genommen ist bedeutungslos; erst das Zusammenspiel mit den übrigen Elementen eines Textes, in dem es als ‚Spur' anderer Sinnelemente fungiert, gewinnt es selbst Bedeutung. Dies gilt auch für das Superzeichen ‚Buch': Es gewinnt nur in einem intertextuellen Raum Bedeutung, in den hinein es sich öffnet"[209]

De Man geht davon aus, dass jede sprachliche Einheit durch den Widerspruch zwischen der grammatischen und der figurativen Bedeutung gekennzeichnet ist. So kann der Satz „Was ist der Unterschied?" auf der einen Seite die tatsächliche Frage nach einer Differenzierung oder auf der anderen Seite als rhetorische Frage soviel wie „Der Unterschied ist mir egal!" bedeuten.

> „Die buchstäbliche Bedeutung fragt nach dem Begriff (des Unterschieds), dessen Existenz von der fiaurativen Bedeutung in Abrede gestellt wird. Das grammatische Modell der Frage wird rhetorisch nicht, wenn wir auf der einen Seite eine buch-

---

[208] Vgl. Lachmann 1990, S. 57, 85, 122f., 509f. und 521.

[209] Brütting 1976, S. 16f.

stäbliche Bedeutung und auf der anderen eine figurative erkennen, sondern wenn es unmöglich ist, mit Hilfe grammatischer oder anderer sprachlicher Hinweise zu entscheiden, welche der beiden Bedeutungen (die miteinander inkompatibel sein können) den Vorrang hat. Rhetorik ist die radikale Suspendierung der Logik und eröffnet schwindelerregende Möglichkeiten referentieller Verirrung."[210]

Auf Intertextualität als Sinndispersion übertragen bedeutet eine solche Verfasstheit der Literatur, dass der Text auf der grammatischen Ebene aufgrund seiner syntaktischen Struktur eine Linearität, Sukzessivität und damit Eindeutigkeit evoziert, die mit der Vielzahl der Intertexte, die auf der figurativen Ebene als Verweisstruktur in den Text hereingeholt werden, konfligiert. Eindeutigkeit versus Polyphonie erzeugt so eine rhetorische „Struktur der wechselseitigen Suspendierung, ja, der Entdeutung der einzelnen Bedeutungselemente sprachlicher Äußerungen".[211]

4.2.2.1.4 Text als Gewebe – Text als Rhizom

Die Vorstellung einer intertextuellen ‚Sinnexplosion' befördert das Projekt der Dekonstruktion, die keine neue oder negative Hermeneutik sein will. Letztere würde nur die generelle Möglichkeit durch das Apodiktum der Unmöglichkeit des Verstehens ersetzen.[212] Stattdessen behauptet die dekonstruktive Literaturtheorie als Anti-Hermeneutik die Ohnmacht des Literaturwissenschaftlers in Fragen der Sinnidentifizierung.Verstehen im dekonstruktiven Sinne bedeutet letztendlich immer die Konstatierung einer semantischen Aporie.[213]

Eine Bestimmung des Textverstehens als a priori aporetisch negiert jedoch eine der Hauptaufgaben der Literaturwissenschaft – die Interpretation.[214] Denn sowohl Hermeneutik als auch Strukturalismus setzen einen ‚Sinn' des Textes voraus, der sich durch verstehendes Befragen (hermeneutischer Zirkel) bzw. intersubjektiv nachprüfbarer Verfahren der Textanalyse (strukturale Semantik, Literatursemiotik, Narrativik etc.) rekonstruieren läßt. Die Bedingung der Möglichkeit angemessener Interpretationen besteht, so Foucault, gerade darin,

[210] De Man 1988, S. 31f., S. 39f. Vgl. Hamacher 1988, S. 7f.

[211] Hamacher 1988, S. 15. Vgl. Jenny 1982, S. 40, vgl. auch S. 45, 48f. Vgl. auch Lachmann 1982, S. 57.

[212] Mai 1991, S. 47f.

[213] De Man 1983, S.103.

[214] Vgl. Kammler 1990, S. 31.

„einen Überschuss des Signifikats im Verhältnis zum Signifikanten voraus[zusetzen], einen notwendigerweise nicht formulierten Rest des Denkens, den
die Sprache im Dunkeln gelassen hat, einen Rückstand, der dessen Wesen aus-
macht und der aus seinem Geheimnis hervorzuholen ist."[215]

Rekurriert wird dabei auf ein Oberflächen-Tiefenmodell, bei dem der Textsinn sich
nicht auf der Ebene des materiellen So-Seins des Textes, auf seiner grammatischen
Struktur, sondern auf tieferen, erst zu entschlüsselnden Sinnschichten befindet.
Literatur ist danach der

> „Kasten, der Innen und Auen voneinander trennt, wonach der Leser oder der
> Wisssenschaftler als die Person vorgestellt wird, die seinen Deckel öffnet, um ins
> Freie zu lassen, was im Innern eingeschlossen und unzugänglich war."[216]

Der Grad der Distanzierung der Intertextualitätstheorien von einer Oberflächen-
Tiefen-Logik kann daher als Maßstab gelten, ihre Entfernung von hermeneutischen
oder strukturalistischen Konzepten abzuschätzen. Dem Ebenenmodell des Textes
verhaftet bleibt z. B. Kristevas Theorie der Textproduktion, indem sie den Geno-
Text auf der Ebene der Kompetenz lokalisiert und ihn nicht, wie den Phäno-Text,
als Element der textuellen parole definiert. Auch bei Lachmann ist Intertextualität,
trotz ihres Verweises auf eine ‚Sinnexplosion' in erster Linie ein Verfahren der
Überdeterminierung oder Mehrfachkodierung des Textes[217].

Lachmann rekurriert damit auf die (strukturalistische) Vorstellung von der
‚Überstrukturiertheit' des literarischen Zeichens, das von der Alltagssprache durch
eine höhere Frequenz an stilbildenden Faktoren (Metrum, rhetorische Figuren u. ä.)
unterschieden ist. Lachmann wertet die Theorie der Intertextualität auch deshalb
nicht als ‚postmodern', da intertextuelle Strategien nicht die Auflösung des Sinns
befördern, sondern durch den Verweis auf fremde Kodices und durch ihre Partizipation am kulturellen Gedächtnis ständig die Möglichkeit kulturellen Sinns bezeugen und lediglich eine neue, intertextuelle Sinnschicht hinzukommt.[218]

Radikale Positionen wie Barthes oder (in Ansätzen) Frey verzichten gänzlich auf eine Bestimmung des Textes in Form eines Oberflächen-Tiefenmodells.
Der Text ist stattdessen ein ‚Raum', der irgendwo im textuellen Universum seinen
Platz beansprucht.[219] Seine Strukturen richten sich nicht, hierarchisch gegliedert, auf
der vertikalen, sondern hauptsächlich auf der horizontalen Achse aus - als reine

---

[215] Fohrmann 1988, S. 245.

[216] De Man 1988, S. 33. 1992.

[217] Vgl. Lachmann 1990, S. 68, 77f.

[218] Vgl. ebd., S. 521f.

[219] Barthes 1978, S. 158.

Positivität ist er[220] räumliche und zeitliche Ausdehnung, eine „Galaxie von Signifikanten", ein „unendliches Murmeln".[221]

Terminologisch reflektiert wird dieses neue Textverständnis durch die in Rekurs auf die etymologische Wurzel des Begriffes ‚Text' gebildete Metapher des ‚Netzwerks' oder ‚Textgewebes/-geflechts':

> „Text heißt Gewebe; aber während man dieses Gewebe bisher als ein Produkt, einen fertigen Schleier aufgefaßt hat, hinter dem sich, mehr oder weniger verborgen, der Sinn (die Wahrheit) aufhält, betonen wir jetzt bei dem Gewebe die generative Vorstellung, daß der Text durch ein ständiges Flechten entsteht und sich selbst bearbeitet- in diesem Gewebe - dieser Textur - verloren, löst sich das Subjekt auf wie eine Spinne, die selbst in die konstruktiven Sekretionen ihres Netzes aufginge."[222]

Text ohne Grenzen, Text als Produkt und Produktivität, Text als Sinnexplosion, Text als Gewebe – diese Merkmale des Textbegriffs der Intertextualität klassifizieren den ‚Text' als Rhizom im Sinne von Deleuze und Guattari. Mithilfe dieses Bildes versuchten die beiden französischen Philosophen eine neue Form des Denkens und Schreibens zu kennzeichnen, ein Denken, das sich durch seinen Abschied von Strukturmodellen als ‚poststrukturalistisch' ausweist.[223]

Die Vorstellung vom Text als Struktur ist nach Deleuze und Guattari dem Modell des „Wurzelbuches" verhaftet, d. h. einer „organischen Innerlichkeit", bei der sich die Strukturen, ausgehend von einer Hauptwurzel, in Form von Dichotomien hierarchisierend entfalten.[224]

Als Prototyp des Wurzelbuches gilt Deleuze und Guattari die Taxonomie Chomskys, bei der sich die gesamte Sprachstruktur vom ‚S' aus entwickelt. In einem Rhizom jedoch „gibt es keine Punkte oder Positionen wie in einer Struktur, einem Baum oder einer Wurzel. Es gibt nichts als Linien."[225] Die Linien des Rhizoms sind untereinander zwar nach einem Konsistenzplan verbunden, doch wohnt dem Linienverbund kein übergeordnetes Prinzip inne, das die Linien nach einer bestimmten Idee hierarchisch ordnet. Jede Linie des Rhizoms ist mit allen anderen verbunden, ihre Ausdehnung ist eine räumliche, keine hierarchische. Insofern kann dem Rhi-

---

[220] Ebd., S. 10.
[221] Vgl. Foucault 1993, S. 96f.
[222] Barthes 1984, S. 53f.
[223] Vgl. Deleuze, Guattari 1977.
[224] Ebd., S. 8.
[225] Ebd., S. 14.

zom weder eine supplementäre Dimension, noch eine strukturale oder generative Kraft zugewiesen werden - das Rhizom

> „ist Karte und nicht Kopie (...) Eine Karte hat viele Eingänge, im Gegensatz zu einer Kopie, die immer 'auf das Gleiche' hinausläuft. Eine Karte hat mit der Performanz zu tun, während die Kopie immer auf eine vermeintliche ‚Kompetenz' verweist."[226]

4.2.2.2 Autor

Autoren sind Urheber bzw. Verfasser von schriftlich fixierten sprachlichen Äußerungen. Insofern ist der Autor nur in seiner Beziehung extern definiert, er ist eine ‚Funktion' des literarischen Diskurses. Je nach Literaturtheorie und Methode geraten dabei unterschiedliche Faktoren der Autor-Text-Beziehung in den Blick: biographische, geistes- bzw. sozialgeschichtliche Determinanten. Allen Theorien der literarischen Kommunikation ist jedoch gemein, dass sie im Rahmen ihrer Bestimmung des Autor-Text-Verhältnisses ausgewählte Aspekte des schreibenden Individuums betonen. Das, was ein Individuum zum Autor macht, ist infolgedessen Resultat einer Selektion und damit eine Konstruktion des literaturwissenschaftlichen Diskurses. Reflektiert werden soll dieses epistemologische Problem durch die Ersetzung des Terminus ‚(empirischer) Autor' durch ‚Autorkonzept' oder ‚Autorfunktion'.

4.2.2.2.1 Der Tod des Autors als Garant für die Individualität des Textes

> „Dass ich meine Mordinstinkte nicht durch C. G. Jung kenne, die Eifersucht nicht durch Marcel Proust, Spanien nicht durch Hemingway, Paris nicht durch Ernst Jünger, die Schweiz nicht durch Mark Twain, Mexiko nicht durch Graham Greene, meine Todesangst nicht durch Bernanos und mein Nie-Ankommen nicht durch Kafka und allerlei Sonstiges nicht durch Thomas Mann, zum Teufel, wie soll ich es meinem Verteidiger beweisen? Es ist ja wahr, man braucht diese Herrschaften nie gelesen zu haben, man hat sie in sich schon durch seine Bekannten, die ihrerseits auch bereits in lauter Plagiaten erleben. Was für ein Zeitalter!"[227]

---

[226] Ebd., S. 22.
[227] Frisch 1973, S. 186.

Für Foucault ist der ‚Autor' eine Funktion, die die Gesellschaft ausgebildet hat, um eine bestimmte Gruppe von Diskursen von anderen zu differenzieren. Nicht jeder Diskurs bedarf der Assoziation mit einem historisch und sozial verortbaren Individuum, das dem Text „wenigstens dem Anschein nach, äußerlich ist und ihm vorausgeht."[228] Charakteristisches Merkmal des literarischen Diskurses ist jedoch seine Untrennbarkeit von der Funktion des Autors:

„Literarische Anonymität ist uns unerträglich - wir akzeptieren sie nur als Rätsel."[229]

Der Autorname besitzt eine klassifikatorische Funktion. Er erlaubt es, eine bestimmte Anzahl von Texten zu gruppieren und gegenüber den Schriften eines anderen ‚Autors' abzugrenzen. Besitzt der Name gesellschaftliche Gültigkeit, ermöglicht er es den Diskursteilnehmern, eine bestimmte „Seinsweise des Diskurses" vorauszusetzen.[230] Als Kategorie des Juristischen Diskurses verweist der Autor auf die Deklarierung des Werkes als ‚geistiges Eigentum', d. h. als juristisch verbürgtes Gut, das seit dem 18. Jahrhundert unter den Schutz des Urheberrechts gestellt ist.[231]

Das Urheberrecht klassifiziert das (literarische) Werk als „persönliche geistige Schöpfung" (§ 2), eine Definition, die dem Autor unterstellt, als kreatives, sprachmächtiges und sprachschöpfendes Subjekt zugleich, einem Text seine Individualität aufprägen zu können, indem er ihm eine originäre Form oder Idee verleiht. Bürge für die Originalität von Autor und Werk ist der akademische Interpret, der die formierende Idee des Textes dechiffriert. Plumpe wagt daher die These, dass die hermeneutische Interpretation das juristische Kunstkonzept im Rahmen der Geisteswissenschaft aufgenommen hat und bis heute wirkungsmächtig präsent hält.[232]

Als Funktion des literaturwissenschaftlichen Diskurses ist der Autor das Resultat einer Zuweisungs-Operation. Dabei errichtet der (literaturwissenschaftliche) Kommentar eine zweite Signifikantenkette über dem ursprünglichen Text, eine Übersicht, diese zweite Signifikantenkette so zu (re-)arrangieren, dass eine Signifikantfunktion zugewiesen werden kann.[233]

Zwei Texte des gleichen Autors sind erst dann als zwei Texte des Autors X klassifiziert, wenn sie erstens eine ähnliche literarische Qualität aufweisen bzw. ihre qualitativen Unterschiede durch Hinweis auf die schriftstellerische oder persönliche Entwicklung von X getilgt werden können-, zweitens dürfen beide Texte sich

---

[228] Foucault 1974, S. 10. Vgl. Kremer-Marietti 1976, S. 109f.

[229] Foucault 1974, S. 19.

[230] Vgl. ebd., S. 17.

[231] Vgl. Plumpe 1992, S. 378f, Plumpe 1988, S. 334f., vgl. Foucault 1990, S.229.

[232] Plumpe 1988, S. 342.

[233] Fohrmann 1988, S. 250. Vgl. auch Foucault 1974, S. 20.

in ihren Aussagen nicht widersprechen, ohne das diese Widersprüche durch Veränderungen im Denken des Autors erklärt werden können; sie sind drittens durch einen für X charakteristischen Stil gekennzeichnet-, und dürfen sich viertens nicht auf historische Ereignisse und Personen beziehen, die erst nach dem Tod des Autors in Erscheinung getreten sind. Der Autor ist demnach definiert als

(1) „konstantes Wertniveau",
(2) als Held eines begrifflichen und theoretischen Zusammenhangs,
(3) als „stilistische Einheit" und
(4) als „bestimmter geschichtlicher Augenblick und Schnittpunkt einer Reihe von Ereignissen."[234]

> „Autor ist derjenige durch den gewisse Ereignisse in einem Werk ebenso wie deren Transformationen erklärt werden können, deren Deformationen, deren verschiedene Modifikationen. [...] Der Autor ist ebenso das Prinzip einer gewissen Einheit des Schreibens, da alle Unterschiede mindestens durch Entwicklung, Reifung oder Einfluß reduziert werden können."[235]

Im Rahmen des literaturwissenschaftlichen Kommentars garantiert der Autor als Funktion durch seine vermeintliche Einheit die Einheit des Textes und umgekehrt solange das Subjekt zur Erklärung der Texte und die Texte zur Konturierung ihres Autors herangezogen werden. Die Zuweisungs-Operation des literaturwissenschaftlichen Diskurses gestaltet sich somit als problematischer circulus vitiosus, da sie ein homogenes sinnstiftendes Subjekt voraussetzt, das es erst zu beweisen gilt.

Japp hat zu Recht darauf hingewiesen, daß Foucault bei seiner Analyse des literaturwissenschaftlichen Diskurses nicht die Empirizität des schriftstellerisch tätigen Individuums bestreitet, sondern seine Institutionalisierung als Autor in Frage stellt.[236] Natürlich erfordert die moderne Gesellschaft für das Funktionieren ihres juristischen und bürokratischen Apparates die Verantwortlichkeit eines Individuums für seine Taten und Äußerungen.

Der Begriff der Verantwortlichkeit ist jedoch einer Diskurslogik verhaftet, die Foucault als solche entlarven möchte. Der Vorzug seiner Analyse besteht daher darin, aufzuzeigen, inwieweit die „Eigendynamik des Diskurses bzw. der Sprache"[237] eine Kategorie wie Individualität (im Sinne von qualitativer stilistischer, historischer Homogenität) erst konstruiert. Sie nicht als unhinterfragte Wesenheit der Literatur, sondern als Effekt der Rede über sie zu verstehen, ermöglicht ihr

---

[234] Foucault 1974, S. 21. Vgl. auch Fohrmann 1988, S. 251.

[235] Foucault 1974, S. 21.

[236] Fohrmann, Müller 1988, S. 232f.

[237] Japp 1988, S. 233. Zum Thema Verantwortlichkeit vgl. ebd. S.229f.

Funktionieren auch dort zu beschreiben wo bestimmte „Mythen der Literaturwissenschaft"[238] längst als durchschaut gelten.

Intertextualitätskonzepte erklären den Text zu einem produktivdynamischen Gewebe aus fremdem Textmaterial als „multi-dimensional space in which a variety of writings, none of them original, blend and clash"[239], hat der Text jedoch mindestens zwei „Autoren" und dadurch letztendlich keinen individuellen Autor mehr. Der plurale „Autor" des Textes garantiert nicht länger ein „konstantes Wert-niveau" bzw. eine „stilistische Einheit" (s. o.), an die Stelle des individuellen „Schöpfer-Autor" tritt die subjektlose Ecriture.[240] 1968, zwei Jahre nach Kristevas Initiierung des Begriffes Intertextualität, erklärt Barthes provokativ den Tod des Autors.

„Weil [...] das Sprechen (parole) nicht mehr als die Äußerung eines jeweils einzelnen Ich verstanden wird, sondern als eine Art von Gespräch, „wo eine Äußerung die an dere überschneidet", kann es kein Individuum mehr geben, dass sich selbst sprachlich, ins Werk setzt. Der Intertext hat jede Einheit einer sprechenden Person imaginär werden lassen.[241]

4.2.2.2.2 Intentionslose Bricolage

Bachtin hat das dialogische Wort bestimmt als Arena, in der mindestens zwei Stimmen, das eigene und das fremde Wort, aufeinandertreffen und keine Stimme den Sieg über die andere davontragen kann. Das Gleiche gilt für den Roman: die Stimme des Autors bedient sich zwar der verschiedenen Sozio-/Dialekte zur sozialsprachlichen Koloration der Helden oder der Erzählerfigur ihr verbal-semantischer Horizont wird von dem seinen jedoch nie völlig okkupiert. Die Erzähler und Helden bringen ihr ideologisches Bewußtsein in den Roman ein und „brechen" die Autorintention.[242]

Kristeva verknüpft in ihrer Adaption der Schriften Bachtins diese Vorstellung der Ambivalenz des Romans mit psychoanalytischem Gedankengut. Der Text ist für sie ein dreidimensionaler Raum, der horizontal durch den Dialog zwischen dem Subjekt der Schreibweise und dem Adressaten und vertikal durch den Dialog

---

[238] Federman 1976, S. 569f.

[239] Barthes 1977, S. 146f.

[240] Vgl. Brütting 1976, S. 69 , vgl. Barthes 1987, S. 9.

[241] Geier 1985, S. 14.

[242] Bachtin 1979, S. 190.

zwischen dem Text und dem diachronen und synchronen literarischen Korpus definiert ist.[243] Als Orientierung an „den Anderen" als Person und an „das Andere" als Geschichte steht Intertextualität gleichermaßen für Subjektivität und Kommunikativität - und belebt damit den traditionellen Begriff der Intersubjektivität.[244]

Da für den Schriftsteller (das Subjekt der Schreibweise) eine Selbstvergewisserung nur durch Rekurs auf den oder das Andere (den Adressaten, die fremden Texte) möglich ist, entzweit er sich in ein „Subjekt der Aussage" und ein „Subjekt des Aussagens".[245] Als Subjekt des Aussagens verliert sich der Autor im Text, indem er sich im Dialog mit dem Anderen in die Geschichte einschreibt, „er wird zur Anonymität, zur Abwesenheit, zur Lücke, damit er es der Struktur ermöglicht als solche zu existieren."[246] Denn als schreibendes Subjekt kann er sich selbst nicht eigentlich und authentisch sein, da er sein Individuelles stets dann verfehlt, wenn er sich in einer Sprache äußern muss, die allen gemein ist.

Das Selbst kann als Selbst nur bestehen, wenn es sich in den Text verschiebt, wenn es sich in den Text verwandelt, der es negiert. Das Selbst, das zuerst als ihr empririscher Referent das Zentrum der Sprache war, wird nun zur Sprache des Zentrums als Fiktion, als Metapher des Selbst.[247]

Der Diskurs der Anderen besetzt die Lücke im Text, die durch das Subjekt des Aussagens als Anonymat entstanden ist, jedoch mit einem Eigennamen und konstituiert so den Autor als Subjekt der Aussage, nicht als Entität, sondern als Diskurseffekt, als Signifikanten.[248]

Das schreibende Subjekt, das sich im Text verliert, kann im Text keine Sinnintention sedimentieren, die das Sinnpotential all der Texte, die über intertextuelle Verweise in den Text hereingeholt werden, limitieren kann. Die bei Bachtin angelegte Ohnmacht der Autorintention wird bei der Übertragung der Dialogizität des Wortes auf den Dialog der Texte derart radikalisiert, dass der Autor lediglich als Bricoleur zu denken ist, der die präsenten und absenten Texte unter seinem Namen zusammenfügt. Der Text, der Intertextualität in ein Interferenzspiel mit fremden Texten tritt, schreibt sich selbst, indem er die ihn umgebenden Texte liest. Als sich-selbst-schreibende Produktivität hat sich der Text jedoch von jedem Autorkonzept emanzipiert.

---

[243] Vgl. Kristeva 1972, S. 347.

[244] Vgl. ebd. S. 351 und 348.

[245] Ebd., S. 357.

[246] Ebd., S. 358.

[247] De Man 1979, S. 155.

[248] Vgl. Friedman 1991, S.148.

Die oben besprochenen Theorien der Intertextualität führen jedoch kein Scheingefecht mit Ewig-Gestrigen, wenn sie dem Autor den Status eines Schöpfers und dem Text die Originalität abstreiten.

Viel bedeutender ist, dass die von Kristeva denunzierte Geburt des Autors als Siginifikant bzw. der von Barthes postulierte Tod des Autors als Institution auf die Abschaffung des Autorkonzepts als Funktion der Limitation des literarischen Diskurses verweisen. Denn für den Strukturalismus war das System der Semrekurrenzen, narrativen Strukuren u. ä. in einem literarischen Text - trotz der Liquidation des Autors als bedeutungsschöpfendes Subjekt[249] - als individueller, in sich geschlossener Text beschreibbar. Der Begriff des Autors wurde durch den der Textstruktur substituiert, das Autorkonzept in seiner Wirkungsmächtigkeit aber nicht verringert. Statt der Autorintention galt die Textintentionalität als

> „die in die Textbeschaffenheit eingegangene Kommunikationsabsicht (Intention) des Autors. Sie ist die Eigenschaft des Textes und existiert losgelöst vom historischen Autor und seiner Intention."[250]

Durch den Tod des Autors öffnen die Konzepte der Intertextualität den Text für das Interferenzspiel mit den ihn umgebenden anderen Texten. Entstanden im texte generale ist dem Text somit keine formierende Idee mehr inne, die es aus dem Text herauszuheben gilt. Kein Autorkonzept garantiert die Individualität des Textes (die diskurslogisch die Individualität des Autors widerspiegelt), der Text ist demnach Plagiat und Imitation anderer Texte.[251] Die Zahl seiner Verweise ist offen, unendlich und durch kein Autorkonzept mehr zu limitieren. Das bedeutet für die poststrukturalistischen Theorien der Intertextualität, dass der Text durch Rohe, Diskurs, auf das Autorkonzept nicht mehr auf ein bestimmtes Feld eines begrifflichen und theoretischen Zusammenhangs bzw. auf einen geschichtlichen Augenblick und Schnittpunkt einer Reihe von Ereignissen (s. o.) zurückgeführt werden kann.

Durch die Abtrennung des Textes vom Autorkonzept wird der Text von einer temporalen Logik befreit, die nur die fremden Texte als Prätexte gelten läßt, die zur Entstehungszeit des Textes publiziert und dem Autor bekannt waren bzw. hätten bekannt sein können.[252] Diese „autobiographische Intertextualität"[253] läuft Gefahr, zur traditionellen Quellenforschung zurückzukehren und über den Rekurs auf das Autorwissen die Kategorie der Autorintentionalität wieder einzuführen.

---

[249] Hentschel 1992, S. 93.

[250] Kahrmann, Reiß, Schluchter 1986, S. 51. Vgl. Schutte 1985, S. 46 und 61.

[251] Vgl. Plumpe 1992, S. 380.

[252] Vgl. Rohe 1990, S. 154f.

[253] Hoesterey 1988, S. 62.

Für die hier diskutierten Intertextualitätskonzepte existiert der Text stattdessen nicht nur in seinen intertextuellen Beziehungen zu dem ihm verfügbaren synchronen und diachronen literarischen Korpus, sondern auch in seiner „Prätextualität", seiner Vorläufigkeit für Diskurse, die erst in der Zukunft geführt werden.[254] Die Theorie der Intertextualität öffnet den Text demnach nicht nur räumlich, in dem sie seine Grenzen zu anderen Texten verwischt, sondern auch zeitlich.

4.2.2.3 Leser

4.2.2.3.1 Der plurale Leser

Der intertextuell organisierte Text konstituiert sich als ein Textgewebe, dessen semantische Explosion durch kein bedeutungsstiftendes Subjekt mehr zu bändigen ist. Der Text produziert sich selbst in seiner Interferenz zu anderen Texten. Der Autor als limitierendes Konzept der Literaturwissenschaft wird für tot erklärt. Seine Verabschiedung aus dem literarischen Diskurs erfolgt jedoch zugunsten einer Aufwertung des Lesers, weil dieser als rezeptive Kategorie als einziger in der Lage ist, den textuellen Raum zu durchschreiten, ohne dessen Sinnentfaltung nachhaltig zu stören.

Durch die Lösung vom Autorkonzept haben die Intertextualitätskonzepte die Text-Beziehungen sowohl von einer totalisierenden Bedeutungsposition als auch von einer räumlichen und zeitlichen Logik befreit. Allein der Rückgriff auf eine solche temporale Logik liegt z. B. der Untersuchung Rohes zugrunde, der bei seiner Analyse der naturwissenschaftlichen, juristischen, ökonomischen und psychologischen Diskurse im „Grünen Heinrich" zum Beweis immer wieder autobiographisch verbürgte Kenntnisse, Brief- und Tagebuchaufzeichnungen Kellers zurückgreift. So erwähnt Rohe z. B. häufiger Kellers Bekanntschaft mit dem Heidelberger Physionomen Henle, seine Freundschaft mit dem „Protagonisten der materialistischen Naturwissenschaft", Jakob Moleschott, und die Auseinandersetzung mit bestimmten Schriften, die Keller in Briefen und in seinem Tagebuch geführt hat.

Das Leserkonzept erlaubt es, den Theorien der Intertextualität ein Subjekt einzuführen, in dessen Bewusstsein die Vielzahl der intertextuellen Bezugnahmen in ihrer Gleichzeitigkeit gegeben sind.[255] Intertextualität entsteht daher erst bzw. ge-

---

[254] Vgl. Lachmann 1990, S. 63f.

[255] Vgl. Frey 1990, S. 21.

winnt eine zusätzliche Sinndimension dadurch, dass der Leser die Fülle seiner Lektüreerfahrungen mit dem Text in Beziehung setzt. Mit anderen Worten, die Lektüre als Kenntnisnahme der Welt und der Werke ist nichts anderes als die Anwendung des Gedächtnisses auf diese Welt (auf diese Werke); es ist das Auftreten einer zügellosen Intertextualität.[256]

Der Leser ist genausowenig wie der Autor ein unschuldiges Subjekt, das dem Text vorausgeht und ihm äußerlich ist, sondern er ist selbst schon „eine Pluralität anderer Texte, unendlicher Codes, oder genauer: verlorener Codes."[257] Lesen und Schreiben im texte generale sind eins. Sie sind komplementäre Aspekte einer signifikanten Praxis.[258] Jedes Lesen ist produktives (Neu-)Schreiben des Textes, jedem Schreiben ist ein solch produktives Lesen vorausgegangen. Kristeva und Barthes prägten für diese Vorstellung den Begriff des ecriturel lecture, des „Schreiben-Lesens".

Der Mitsprecher des Schriftstellers ist also der Schriftsteller selbst als Leser eines anderen Textes. Derjenige, der schreibt, ist auch derjenige, der liest. Da sein Mitsprecher ein Text ist, ist er selbst nur ein Text, der sich aufs Neue liest, indem er sich wieder schreibt.[259] Der plurale Leser und das Konzept des Schreiben-Lesens sind keine genuinen Modelle der Intertextualitätstheorie: Rezeptionsintertextualität ist „seit jeher Befund der[260] Rezeptionsästhetik" gewesen, so wie sie in Deutschland von der sogenannten Konstanzer Schule (Jauß, Iser) betrieben worden ist. Gegenüber marxistischen und formalistischen Literaturtheorien, die das literarische Faktum „im geschlossenen Kreis einer Produktions- und Darstellungsästhetik" analysieren, versuchte Jauß in seinem initiierenden Aufsatz „Literaturgeschichte als Provokation der Literaturwissenschaft" (1970) den Leser als aktiven Faktor bei der Sinnkonstitution literarischer Werke zu begreifen.[261]

Im Dreieck von Autor, Werk und Publikum ist das letztere nicht nur der passive Teil, keine Kette bloßer Reaktionen, sondern selbst wieder eine geschichtsbildende Energie. Das geschichtliche Leben des literarischen Werks ist ohne den aktiven Anteil seines Adressaten nicht denkbar. Denn erst durch seine Vermittlung tritt das Werk in den sich wandelnden Erfahrungshorizont einer Kontinuität.[262]

Jauß plädiert daher für eine Literaturgeschichte der Rezeptionen, die sich seiner Auffassung nach diachronisch als Rezeptionszusammenhang, synchron als

---

[256] Grivel 1983, S. 58.

[257] Barthes 1987, S. 14.

[258] Vgl. Zima 1977, S. 278.

[259] Kristeva 1972, S. 372.

[260] Lachmann 1990, S. 57.

[261] Jauß 1974, S. 168.

[262] Ebd., S. 169.

Rezeptionssituation und in ihrem Verhältnis zur allgemeinen Geschichte schreiben läßt. Da das Verhältnis von Text und Leser einem Dialog im Sinne Gadamers gleicht, muss eine Literaturgeschichte des Lesens die Fragen zu rekonstruieren versuchen, auf die der Text eine Antwort gab/gibt.[263] Jauß führt daher den Begriff des Erwartungshorizontes ein, vor dem neue literarische Texte rezipiert werden. Dieser Erwartungshorizont ist im Sinne der Intertextualitätstheorie eben auch durch die fremden Texte bestimmt, die der Text im Leserbewusstsein aufruft (literarischer Erwartungshorizont) bzw. die der Leser mit dem Text in Beziehung setzt (lebensweltlicher Erwartungshorizont).

Der neue Text evoziert für den Leser (Hörer) den aus früheren Texten vertrauten Horizont von Erwartungen und Spielregeln, die alsdann variiert, korrigiert, abgeändert oder auch nur reproduziert werden.[264]

In der diachronen Perspektive erlaubt die Analyse des Erwartungshorizontes, den Text in einer bestimmten literarischen Reihe (Sklovskij) zu zitieren, die eben auch als Traditionszusammenhang des Autors beschreibbar ist. Analog zum Konzept des Schreiben-Lesens versteht Jauß die Produktion literarischer Texte als produktive Rezeption der Literaturgeschichte:

Die Geschichte der Literatur ist ein Prozess ästhetischer Rezeption und Produktion, der sich in der Aktualisierung literarischer Texte durch den aufnehmenden Leser, den reflektierenden Kritiker und den selbst wieder produzierenden Schriftsteller vollzieht.[265]

Im Gegensatz zu Jauß interessiert Iser weniger eine Historik des Lesens als eine Phänomenologie des Lesens selbst. Dennoch ist das Modell des Erwartungshorizontes, vor dem und mit dem literarische Texte rezipiert werden, Isers Theorie von der Appellstruktur des literarischen Texte verwandt. Nach Iser offeriert der Text dem Leser Unbestimmtheits- bzw. Leerstellen (Ingarden), die der Leser mit eigenen (Lektüre-) Erfahrungen auffüllt.[266] Die Unbestimmtheitsstellen des Textes sind somit die Bedingung der Möglichkeit für die Beteiligung des Lesers an der Sinnkonstitution des Textes, d. h. für die Wirkung des Textes sowie für seine unterschiedichen Realisationsformen oder 'Konkretisationen'.[267]

Der Leser, der den gesamten Erwartungshorizont des Textes ausschöpfen bzw. alle Leerstellen auffüllen kann, ist der ideale Leser. Als Abstraktion der Rezeptionsästhetik markiert er im Gegensatz zum realen Leser keine historische Rezeptionssituation, sondern stellt ein heuristisches Konstrukt dar, mit der die Summe aller

---

[263] Vgl. ebd., S. 183.

[264] Ebd., S. 175.

[265] Jauß 1974, S.172.

[266] Iser 1993, S. 235.

[267] Vgl. ebd., S. 234f.

möglichen Konkretisationen eines literarischen Textes erfasst werden.[268] Als solches ist der ideale Leser damit Kristallisationspunkt des ästhetischen Wertes, den Mukarovsky als die „summarische Bezeichnung für die dynamische Ganzheit" der ästhetischen Objekte (Konkretisationen) eines literarischen Werkes definiert.[269]

Vergleicht man die Lesertypen der Rezeptionsästhetik und der Intertextualitätstheorie von Kristeva und Barthes, so ähnelt der plurale Leser am ehesten dem Konzept des idealen Lesers. Auch der plurale Leser ist in der Unendlichkeit seiner Lektüren kein historisch verortbares Subjekt. Er ist genausowenig wie der ideale Leser als Projektion der Autorintention im Text, d. h. als impliziter Leser (Iser) zu beschreiben: der plurale Leser verwirklicht die intertextuellen Beziehungen zu anderen Texten, d. h. er konstituiert, nicht rekonstruiert Intertextualität.[270] Dennoch ist der plurale Leser mehr als nur ein heuristisches Konstrukt. Im Sinne der Vorstellung eines Universums der Texte, das synonym mit der Lebenswelt jedes Einzelnen ist, verweist der Begriff des pluralen Lesers auch auf die Organisation des individuellen und kollektiven Gedächtnisses in Form einer Akkumulation von (literarischen) Texten.

4.2.2.3.2 Rezeptive Intertextualität und Werkstruktur

Von den bereits besprochenen Intertextualitätstheorien, die Intertextualität als einen Vorgang der Rezeption verstehen, das Interferenzspiel der Texte demnach gänzlich im Bewusstsein des Lesers verorten, sind solche Konzepte der Intertextualität zu unterscheiden, die den Leser lediglich zur „Clearingstelle der intertextuellen Transaktionen"[271] erklären. Diese Differenz nicht genügend herauszustellen, ist ein Manko vieler Synopsen zum Thema Intertextualität. Um den Unterschied mit zwei Namen zu kennzeichnen: es ist der Kontrast zwischen der intertextuellen Rezeptionstheorie, wie sie Barthes in seinem Buch „S/Z" vorlegt, und dem Konzept von Riffaterre. Indem Riffaterre die Intertextualitätssignale in der Struktur des Textes verortet, übernimmt er stärker als Barthes die zentrale These der Konstanzer Schule.

---

[268] Vgl. Iser 1990, S. 54.

[269] Mukarovsky 1970, S. 103. Vgl. Schmid 1970, S. 308.

[270] Vgl. Madison 1991, S. 66.

[271] Pfister 1985b, S. 20.

Riffaterre bestimmt sein Modell der rezeptiven Intertextualität in Anlehnung an die Definition des Zeichens von Charles S. Peirce. Im Gegensatz zu De Saussure existiert das Zeichen nach Peirce nicht in einer dualen (signifikant signifee), sondern in einer triadischen Struktur:

> „ein Symbol oder Repräsentamen repräsentiert ein bestimmtes Objekt, während zwischen beiden als vermittelndes drittes Element das Interpretans fungiert als eine weitere Repräsentation die sich auf dasselbe Objekt bezieht."[272]

Das Interpretans der intertextuellen Bedeutungsstruktur ist für Riffaterre die Summe der Prätexte, deren Kenntnis der Text vom Leser als Rezeptionsbedingung verlangt.[273]

> „An intertext is one or more texts which the reader must know in order to understand a work of literature in terms of its overall significance (as opposed to the discrete meanings of its successive words, phrases, and sentences)."[274]

Der Intertext als „supplement to the text"[275] muss vom Leser vollständig rekonstruiert werden, will er den Text angemessen, d. h. richtig verstehen. Um dieses Verstehen über die Zeit hinweg zu garantieren, hinterlässt der Intertext Spuren im Text „sogenannte un grammaticalities".[276] Beim ersten Zugriff des Lesers auf den Text (heuristic stage of reading) bemerkt dieser aufgrund seiner linguistischen Kompetenz solche grammatikalischen und lexikalischen Ungereimtheiten, da sie den ersten natürlichen Textverlauf und damit seinen Lesefluss stören. In einer zweiten Lektüre (hermeneutic stage of reading) versucht der Leser, die textuellen Devianzen durch Rekurrenz auf den Intertext zu korrigieren.

> „Ein Zeichen oder Repräsentamen ist alles, was in einer solchen Beziehung zu einem Zweiten steht, das sein Objekt genannt wird, dass es fähig ist ein Drittes, das sein interpretant genannt wird, dahingehend zu bestimmen, in derselben triadischen Relation zu jener Relation auf das Objekt zu stehen, in der es selbst steht. Dies bedeutet, dass der Interpretant selbst ein Zeichen ist, das ein Zeichen desselben Objekts bestimmt und so fort ohne Ende."[277]

---

[272] Vgl. Riffaterre 1980.

[273] Vgl. Morgan 1985, S. 26.

[274] Riffaterre 1990, S. 56.

[275] Ebd., S. 70.

[276] Riffaterre 1985, S. 24.

[277] Riffaterre 1980, S. 4.

78

„They can do so because they perceive that something is missing from the text: gaps that need to be filled, references to an as yet unknown referent, references whose successive occurrences map out, as it wree, the outline of the intertext still to be discovered."[278]

Indem die grammatikalischen Devianzen sowohl of den Text in praesentia als auch auf den Intertext in absentia verweisen, funktionieren sie als dual sign bzw. als Syllepse. Holthuis orientiert sich stark an der Intertextualitätskonzeption Riffaterres, wenn sie Intertextualität definiert als „eine Texten nicht inhärente Eigenschaft".[279] Intertextualität wird zwar vom Text durch entsprechende Intertextualitätssignale motiviert, ist aber letztendlich ein Phänomen der Textverarbeitung des Rezipienten.[280]

> „Auf Grundlage dieser Konzeption ist Intertextualität zu bestimmen als Ergebnis komplexer bedeutungskonstitutiver Prozesse, als Wechselspiel zwischen den im Text angelegten Intertextualitätssignalen [...] und dem Netzwerk komplexer inter textuell geleiteter Textverarbeitungsstrategien, die, abhängig von entsprechenden Interpretationshypothesen und -zielsetzungen des Rezipienten sowie spezifischen intertextuellen Wissenbeständen, aktiviert werden können."[281]

Das Verständnis von Intertextualität als einer spezifischen Textverarbeitungsstrategie verknüpft Modelle der Textlinguistik mit Erkenntnissen der neueren Kognitionspsychologie. Vorteil eines solchen rezeptionstheoretischen Inteitätsbegriffes ist es, den Blick auf die „intertextuellen Wissensbestände" (s. o.) oder - wie Eco sie nennt – „intertextuellen Szenographien" zu lenken, die als Element der „Enzyklopädie" erheblichen Einfluss auf die Realisierung des literarischen Textes im Bewusstsein des Lesers besitzen.[282] Die Intertextualitätskonzepte von Riffaterre und Holthuis überantworten das semantische Potential der Intertextualität damit jedoch dem kognitiven Apparat eines Subjekts, über den die Kognitionspsychologie nur rudimentäre Kenntnisse besitzen.[283] Die Konzepte von Riffaterre und Holthuis stehen vor dem gleichen Problem wie die Rezeptionsästhetik, dass der Anspruch, „literarische Rezeption als Signifikationsprozess systematisch zu beschreiben" nur durch „eigene Signifikationen bzw. Interpretationen" einzulösen ist.[284] Weil der empirische Leseakt dem literaturwissenschaftlichen Forscher somit verschlossen

---

[278] Ders. 1990, S. 56f.

[279] Holthuis 1993, S. 31.

[280] Vgl. ebd., S. 33f.

[281] Ebd., S. 32.

[282] Held 1987, S. 101, 103.

[283] Holthuis 1993, S. 223.

[284] Gerhard 1994, S. 19.

bleibt, kann er den Leser lediglich als „Ephiphänomen" betrachten und bleibt auf die „systematische Analyse im Werk selbst vertexteter Rezeptionslenkungen" verwiesen.[285]

Genauso wie die Unbestimmtheitsstellen des Textes bzw. der literarische Erwartungshorizont sind Riffaterres „ungrammaticalities" und Holthuis „lntertextualitätssignale" Bestandteile der Textstruktur.[286] Ihre Intertextualitätskonzepte gerinnen damit genauso wie die Theorien der Konstanzer Schule zu einer um rezeptionsästhetische Aspekte erweiterten Werkinterpretation. Sie unterliegen einem Zirkelschluss, insofern der postulierte prinzipiell produktive Charakter des Leseaktes als Beweis für eine bestimmte Vertextungspraxis gilt:

Das heißt aber, dass die produktive Lektüre die Antwort auf eine spezifische produktive Vertextung ist, womit der Text nicht mehr nur ein prä-texte für eine beliebige Lektüre wäre, sondern eine spezifische Vertextung eine spezifische Lektüre bedingen würde. Das bedeutet aber, dass es gar nicht die Lektüre ist, die den Text hervorbringt, sondern dieser erzeugt bzw. erfordert ein bestimmtes Leseverhalten.[287]

4.2.2.3.3 Verzicht auf ein interaktionistisches Modell?

Die Intertextualitätskonzepte von Riffaterre und Holthuis unterliegen der Aporie der Rezeptionsästhetik, trotz Betonung des sinnkonstituierenden Aktes der Rezeption letztendlich doch nur Textanalyse betreiben zu können, weil sie ein interaktionistisches Modell der Literatur festschreiben, von dem sich Kristeva und Barthes längst verabschiedet hatten.

Für Barthes und Kristeva gibt es weder einen Autor, der bewusst oder unbewusst für einen anvisierten Rezipienten schreibt, noch einen Text, der lediglich (ästhetisch wertvolle) Botschaft ist. Der Text hat keinen sekundären Status inne, er ist nicht mehr Mittel zum Zweck der literarischen Kommunikation, sondern ein dynamisch-plurales Gewebe aus einer Vielzahl von Prätexten, dessen ‚Sinn' sich durch das produktive Zusammenspiel der intertextuellen Strukturen und Prozesse herstellt. Jede Lektüre bedeutet, andere Signifkanten mit dem Text in Beziehung zu setzen und damit ein neues intertextuelles Verweisspiel in Gang zu bringen.

---

[285] Warning 1993, S. 25. Vgl. Schutte 1985, S. 178.

[286] Jauß 1974, S. 175.

[287] Hempfer 1976, S. 53.

Die Auflösung des Modells der literarischen Kommunikation wird von Seiten der deutschen Literaturwissenschaft scharf kritisiert, das Konzept des selbstreferentiellen Textes als „Remythisierung der Textwissenschaft des 20. Jahrhunderts" verurteilt:

> „Not tut eine Theorie der Intertextualität, die die Kontinuität eines Raums der Texte weder von der Instanz der textuell Handelnden (Autor/Leser) noch von der Instanz des verhandelten Dritten (Personnage) ablöst."[288]

Grübel löst dieses Problem, indem er zwischen produktioneller, textueller und rezeptioneller Intertextualität unterscheidet, wobei die rezeptionelle Intertextualität nach klassisch rezeptionsästhetischer Manier all jene Text-Text-Beziehungen umfasst, „mit denen in einer konkreten Rezeption ein bestimmter Text angereichert".[289] Die Restitution des triadischen Literaturmodells ist eklatant, die Trennung zwischen Schreiben (Produzieren) und Lesen (Rezepieren) wiederhergestellt.

Stempel wiederum wirft der Intertextualitätstheorie französischer Provenienz vor, nicht genügend zwischen intendierter und zufälliger bzw. für das Verständnis des Textes erheblicher und unerheblicher Intertextualität zu differenzieren.[290]

Denn: „Es ist die Zentralität des Kunstwerks selbst (...), dass Intertextualität nicht mehr als ein untergeordneter Charakter zugebilligt werden kann."[291]

Intertextualität ist für Stempel lediglich eine Bereicherung des Textverständnisses, kein konstitutives Element seiner Textstruktur, denn der Text als literarisches Kunstwerk ist autonom.[292] Stempels Argumentation ist damit nicht nur dem hermeneutischen Werkbegriff, sondern auch einer Oberflächen-Tiefenhermeneutik verpflichtet. Im Gegensatz zu Barthes pluralem Leser darf der Leser bei Stempel als „Textarchäologe"[293] nur die unter der Textoberfläche verborgenen intertextuellen Bezüge ans analytische Tageslicht holen.

Grübel, Stempel und mit ihnen die meisten der Literaturwissenschaftler, die in den beiden Sammelbänden „Dialog der Texte" und „Intertextualität" vertreten sind, engen den Begriff der Intertextualität daher ein auf bewusste, intendierte und markierte Bezüge zum Prätext.[294]

---

[288] Grübel 1983, S. 222.

[289] Ebd. S. 228.

[290] Vgl. Stempel, S. 87, 88, 102.

[291] Stempel 1983, S. 93.

[292] Ebd., S. 92.

[293] Stempel 1983, S. 87.

[294] Broich/Pfister 1985, S. 31.

4.2.3 Zwischenbilanz II: Von der Theorie zur Methode der Intertextualität

Die Darstellung der Romantheorie Bachtins hat gezeigt, wie prägend seine Denkfigur der Ambivalenz für die Konzeptionierung des dialogischen Wortes ist: im Wort treffen zwei oder mehr Stimmen aufeinander deren Sinn sich nicht in Form einer Synthese, sondern als gegenseitiger Widerspruch herstellt. Das Denken der Ambivalenz ist seiner Struktur nach dem Begriff der differance von Derrida analog. Sinn entsteht auch bei Derrida aus der Differenz der Signifikanten bzw. der Bedeutungsspuren im sprachlichen Zeichen.

Mit dieser Konzeptionierung des Wortes bzw. des Zeichens verlagern beide das Moment der Sinnkonstitution in die Sprache selbst, ihre Strukturen und Prozesse lassen Sinn erst durch das Aufeinandertreffen zweier oder mehrerer Äußerungen entstehen. Das bedeutungsstiftende Subjekt kann lediglich eine Bedeutungsposition im Text sedimentieren, die sich mit den fremden Texten und deren Bedeutungspositionen messen muss. Insofern kann keine Intention die sich im Text vollziehende Sinnexplosion einholen. Das Autorkonzept zur Limitierung des literarischen Diskurses wird somit obsolet.[295] Das Subjekt kann sich nicht der Sprache bemächtigen, sondern die Sprache, in der das Subjekt seine Individualität ausdrücken will, bietet ihm nur Gemeinplätze, d.h. wieder fremde Texte an. So ist letztendlich auch die Bedeutungsposition des Subjekts determiniert von anderen Äußerungen. Das interaktionistische Modell der Literatur wird aufgegeben zugunsten des Modells eines selbstreferentiellen, kontingenten Textes.

Für Barthes bedeutet Interpretation nicht, dem Text einen (mehr oder weniger begründeten, mehr oder weniger freien) Sinn zu geben, heißt „vielmehr abschätzen, aus welchem Pluralem er gebildet ist."[296] Damit verzichtet Barthes auf jede Form der Textanalyse. Jede einzelne Lexie wird in Bezug gesetzt zu der Endlichkeit der Lektüre- und Analyseerfahrungen des Interpreten selbst.

Obwohl Barthes auf diesem Wege erstaunliche Ergebnisse erzielt, ist von hermeneutischer und strukturalistischer Seite immer wieder der Vorwurf der Beliebigkeit laut geworden: Barthes' Lektüre der Novelle ist nur so gut, wie die Kongenialität des Interpreten zum Text.[297] Ist dies das „Aufbegehren des Strukturalismus

---

[295] Bachtin 1969.

[296] Barthes 1987, S. 9.

[297] Hoesterey 1988, S. 17f.

gegen ein die Struktur (des Einzeltextes) überschreitendes poststrukturalistisches Denken"[298] oder verweist dieser Einwand auf das problematische Verhältnis der Intertextualitättheorie zu ihrer eigenen Methode? Beides ist zutreffend. Der intertextuelle Textbegriff gewinnt seine Konturen aus der Kritik der Diskurstheorie, Dekonstruktion und strukturalen Psychoanalyse an hermeneutischen und strukturalistischen Konzepten der Literaturwissenschaft. Dies erklärt die Heftigkeit der Debatte um das Thema Intertextualität.

Die Auflösung des interaktionistischen Modells der Literatur hat besonders bei der deutschen Literaturwissenschaft starke Kritik provoziert, da damit sowohl die hermeneutische Grundauffassung vom Gesprächscharakter des Verstehens als auch die semiotische Vorstellung vom Text als Kommunikat angegriffen wurde. Kritiker wie Grübel und Stempel sahen das Intertextualitätskonzept mit dem Mythos vom Werk nur durch den neuen Mythos vom sich-selbst-schreibenden Text ersetzt.[299] Poststrukturalistische Intertextualitätskonzepte wollten zwar das Subjekt des Textes (den Autor) dezentrieren, könnten auf ein Agens der Textproduktion jedoch nicht verzichten.[300]

Dieser Einwand ist berechtigt, wenn auch immer wieder betont werden muss, dass von der Subjektlosigkeit der literarischen Produktion[301] nicht die Rede sein kann. Mit dem gegenseitigen Mythos-Vorwurf ist jedoch nicht viel gewonnen, da ein Mythos sich bekanntlich nur dem Gläubigen offenbart. Dies bedeutet, dass die poststrukturalistischen Implikationen des Intertextualitätskonzepts nicht einfach ausgegrenzt werden können, um das Konzept der Intertextualität in die bisherigen Forschungen zum Text-Text-Kontakt integrieren zu können. Denn das Intertextualitätskonzept ist seiner Intention nach antihermeneutisch und anti-strukturalistisch. Diese Stoßrichtung kann es solange bewahren, wie es als Literaturtheorie fungiert, die die traditionellen Kategorien der Literaturwissenschaft kritisiert, ohne ihnen eine positive Methodologie entgegenzusetzen.

Jeder Versuch, das Intertextualitätskonzept für eine konkrete Textbetrachtung fruchtbar zu machen steht somit vor zwei Alternativen: Eine intertextuelle Text-Interpretation kann entweder eine neo-hermeneutische Lektüre im Sinne Barthes unternehmen, bei der sie auf intersubjektiv nachvollziehbare Methoden der Textanalyse verzichtet und ein Interferenzspiel zwischen dem Text und dem literarischen Bewusstsein des Interpreten in Gang setzt, ohne auf entsprechende Textsignale angewiesen zu sein.[302] Oder sie kann im Sinne von Riffaterres oder der

---

[298] Lachmann 1990, S. 64.

[299] Vgl. Stierle 1983, S. 12

[300] Vgl. de Man 1979, S. 155

[301] Stierle 1983, S. 12.

[302] Rajan 1991, S. 73.

deutschen Literaturwissenschaftler das poststrukturalistische Konzept restrukturali-
sieren, indem sie Intertextualität als eine bestimmte Textstruktur auffasst, die sich
textanalytisch beschreiben lässt.

Die nachfolgenden Kapitel werden den letzteren der beiden gekennzeichneten Wege einschlagen und versuchen, eine Semiotik der Intertextualität zu entwickeln. Dabei darf das Intertextualitätskonzept jedoch nicht auf bewusste, intendierte
und markierte Text-Bezüge eingegrenzt werden, nur weil sich derartige Formationen kompromisslos in den Begriffs- und Methodenkanon des Strukturalismus ein-
gliedern lassen. Stattdessen muss danach gefragt werden, welche theoretischen
Vorentscheidungen des Intertextualitätskonzeptes neue Methoden, neue Schwerpunkte der Textbeschreibung notwendig machen.

Eine Textanalyse der Intertextualität hat in erster Linie die Aufgabe, die
räumliche Ausdehnung der Prätexte im konkreten intertextuell organisierten Text
zu beschreiben. Dazu muss sie ein Begriffsinstrumentaritim entwickeln, das neben
Text und Prätext auch den Faktor der Textbeziehung selbst, den „impliziten Text"
(Lachmann), berücksichtigt, um dem Modell der Dialogizität Bachtins Rechnung zu
tragen.

Text und Prätext gelten dabei zwar als begrenzte, jedoch nicht unveränder-
liche Menge von Zeichen. Um das produktive Zusammenspiel ihrer Strukturen
beschreibbar zu machen, muss auf der einen Seite der Text als Spannung zwischen
der syntagmatischen Kohärenzierung und der paradigmatischen Expansion skizziert
werden, wobei dem Moment der Unvereinbarkeit zwischen beiden Textebenen
besondere Bedeutung zukommt. Auf der anderen Seite wird der Text-Prätext-
Kontakt als reziproke Textbeziehung verstanden, deren Sinndynamisierung beide
Texte erfasst. Dies bedeutet, dass zusätzlich zur Bedeutungskonstitution des Textes
auch die Bedeutungsveränderugn des Prätextes in den Blick enommen werden
muss.[303]

4.3 „Karthographierung des Intertextes" – die texttheoretische Perspektive

Im Rahmen der kultur- und literaturkritischen Perspektive sind in den vorherigen
Kapiteln Forschungsbeiträge vorgestellt worden, die Intertextualität als eine Qualität jeder kulturellen bzw. literarischen Praxis bestimmen. Um den Textbegriff im
Sinne einer Semiotik der Intertextualität zu operationalisieren, bedarf es jedoch
einer Engführung. Preisdanz betont zurecht, dass die Universalisierung der Begriffe

---

[303] Gerhard 1994

Text und Intertextualität ausschliesst, „Dialogizität bzw. Intertextualität als spezifische Möglichkeiten literarischer Sinnkonstitution in semantischer bzw. pragmatischer Beziehung auszuzeichnen"[304]

Die Forschungsbeiträge zum Thema Intertextualität können danach untersucht werden, inwieweit sie ein Analyseinstrumentarium zur Deskription intertextuell organisierter Textstellen bereitstellen. Besondere Berücksichtigung finden dabei die sogenannten engeren Intertextualitätskonzepte, die Intertextualität nicht mit Literarizität identifizieren, sondern als spezifische Eigenschaft bestimmter literarischer Texte und Textsorten definieren.[305] In Auseinandersetzung mit den texttheoretischen Forschungsbeiträgen soll eine eigene Semiotik der Intertextualität entwickelt werden, die es erlaubt, intertextuelle Strukturen auf den verschiedenen Textebenen zu beschreiben.

In der Forschungsliteratur ist immer wieder die „terminologische Inflation und neologistische bzw. metaphorische Euphorie"[306] in den verschiedenen Beiträgen zum Thema Intertextualität befragt worden. Fast jeder der hier zu diskutierenden Intertextualitätskonzeptionen hat im Zuge ihrer Forschungen eine neue Terminologie zur Bestimmung der Konstituenten von Intertextualität, ihrer Markierungstypen oder Referenzstrukturen entwickelt. Neben dem Entwurf einer Semiotik der Intertextualität ist es daher auch Ziel der folgenden Bemerkungen, das Begriffswirrwarr der Intertextualität zu disziplinieren.

4.3.1 Sondierungsversuche: Bezugsfelder des Textes

Für eine globale Differenzierung verschiedener Referenztypen der Intertextualität schlägt Kristeva die Begriffe „extensive" und „intensive Intertextualität" vor. Extensive Intertextualität bezeichnet die Relationen zwischen dem Text und soziokulturellen Bedeutungssystemen; intensive Intertextualität bedeutet hingegen die Beziehung des Textes zu anderen verbalen Objekten.[307] Die Subsumption beider Phänomene unter dem Stichwort „Intertextualität" kann Kristeva jedoch nur treffen, weil sie bei ihrer Analyse von einem erweiterten Textbegriff ausgeht, der jede

---

[304] Lachmann 1982, S. 26. Vgl. ebd. S. 25.

[305] Barthes 1959.

[306] Pugliese, 1988, S. 47.

[307] Vgl. Holthuis 1993, S 43. vgl. Zima 1991, S. 82f., vgl. Zima 1977, S. 306.

kulturelle Äußerungsform umfasst. Eine solche Ausweitung des Begriffes 'Text' macht nicht nur eine Unterscheidung zwischen Text und Nicht-Text, sondern auch zwischen Intertextualität und Nicht-Intertextualität obsolet.[308]

Die Einschränkung des Textbegriffs auf schriftlich fixierte literarische Äußerungen im Rahmen der literaturkritischen Dimension von Intertextualität bewirkte eine erste Reduktion des Bedeutungsspektrums des Begriffes Intertextualität. Die Vorstellung einer universalen Intertextualität als Konstituens jeder Form von Literatur bedeutet jedoch weiterhin das Verwischen der Abgrenzungslinien zwischen dem Text und seinen Nachbartexten.

Um das Untersuchungsfeld einer Semiotik der Intertextualität abzustecken, muss eine intertextuelle Textbeziehung jedoch als eine besondere Form des Textverweises bestimmbar sein. Zu der Analyse der texttheoretischen Dimension von Intertextualität bedarf es daher einer zweiten Reduktion, die den Begriff Text auf eine begrenzte Menge sprachlicher Zeichen einschränkt. Erst eine solche Definition erlaubt es, die Grenzen zwischen Text, fremdem Text und Nicht-Text anzugeben und somit die intertextuelle Textbeziehung als eine spezifische Referenz zwischen Texten auszuzeichnen, die es von den anderen kontextuellen Relationen zu unterscheiden gilt.

Zum Referenzspektrum des Textes gehören:
- seine Beziehungen zum Bereich der sozio-kulturellen Bedeutungssysteme, deren Objekten, Institutionen und Strategien;
- seine Beziehung zu Objekten anderer künstlerischer Systeme (Musik, bildende Kunst, Malerei, Film), sowie
- seine Beziehungen zu anderen textuellen Äußerungsformen und -regeln.[309]

4.3.1.1 Extratextualität

Zu den textexternen Bezugsfeldern des Textes zählt als umfassendste Kategorie der sozio-kulturelle Kontext. Er bezeichnet alle „geordnete[n] Zeichenvorräte und rekurrenten Bedeutungskomplexe, die in einem - zumindest für kurze Zeitabschnitte - relativ festen pragmatischen bzw. institutionellen Rahmen gebraucht werden".[310] Der Kontext gilt als die Summe der verschiedenen diskursiven Gefüge, in

---

[308] Vgl. Broich/Pfister 1985
[309] Vgl. Holthuis 1993, S. 43f.
[310] Wernter 1987, S. 194

die der Text eingewoben ist und auf die er mittels bestimmter Referenzstrukturen verweist. Insofern ist der Kontextbegriff in zweierlei Hinsicht ein heuristisches Konstrukt. Zum einen lässt sich das System semantisch-semiotischer Einheiten, die in den Text eingangen sind, nur annäherungsweise rekonstruieren und beschreiben.

Kontextuelle Elemente sind keine materiellen Gegebenheiten, sondern Bedeutungsmomente, die durch Rekurs auf andere Texte (Zeitungsberichte, wissenschaftliche oder philosophische Abhandlungen, Filme etc.) vermittelbar sind. Zum anderen zählen zum Kontext eines Textes nur diejenigen Elemente, zu denen der jeweilige Text in ein Verhältnis gesetzt werden kann. Diese Auswahl-Operation nimmt der Leser oder (wissenschaftliche) Interpret vor, um mit Hilfe der Einordnung des Textes in sozialhistorische Zusammenhänge das Bedeutungsspektrum des Textes erweitern und die Textauslegung objektivieren zu können.[311] Die Reichweite der eingeräumten Referenzen ist abhängig von dem historischen Wissen und den Erkenntnisinteressen des Lesers (des Interpreten).

Interdiskursivitätskonzepte, deren Diskurs- oder Textbegriff jedes soziokulturelle Bedeutungssystem bezeichnet, begreifen jede Form des Kontextbezugs als intertextuelle Relation. Der Begriff des Kontextes wird so durch den des Intertextes absorbiert.[312] Der engere Textbegriff, der diesem Kapitel zugrunde liegt, kehrt jedoch das Verhältnis von Intertext und Kontext um und erklärt den Intertext, d. h. die Summe der verbalen Objekte, auf die der Text Bezug nimmt, zu einem Teil des Kontextes.

Kristevas Unterscheidung zwischen extensiver und intensiver Intertextualität (s. o.) macht gleichwohl deutlich, dass es auch bei diesem revidierten Begriffsverhältnis methodisch hilfreich ist, die Bezüge des Textes auf semantisch-semiotische Systeme im allgemeinen von den Referenzen auf bestimmte Texte, Textgruppen und Textnormen zu differenzieren.

Die Referenz auf sozialhistorisch verortbare diskursive Faktoren, wie z. B. historische Ereignisse oder Eigennamen[313], soll daher im Folgenden textuelle Beziehung genannt werden, während der Begriff der intertextuellen Beziehung für Referenzen auf literarische Texte, Gattungskonventionen u. ä. reserviert bleibt.

---

[311] Vgl. Schutte 1985, S. 76.

[312] Frey 1990, S. 9

[313] Hebel 1989, S. 28, S. 43, vgl. Hakkarainen 1994, S. 25, vgl. Culler 1976, S. 1383.

4.3.1.2 Intermedialität und Intergenerität

Die Beziehung des Textes zu Objekten anderer künstlerischer Systeme ist gemeinsam mit den extra- und intertextuellen Relationen Teilstruktur des Kontexbezugs. Kunstformen wie die Musik oder die bildene Kunst bilden analog zur Literatur ein semantisch-semiotisches Subsystem mit bestimmten Bedeutungsstrukturen, Schemata und Codes aus.[314]

Innerhalb der einzelnen Künste, aber auch zwischen den verschiedenen Kunstformen formieren sich Referenzstrukturen, die denen der Intertextualität vergleichbar sind.[315] Wird der Text und Bezugs-Text in verschiedenen Medien dargeboten, spricht man von hetero-medialer Intertextualität oder Intermedialität.[316] Diese kann verschiedene Formen (Aufführung, Verfilmung, „Veroperung" etc.) und historisch variable Strukturen annehmen.[317]

Da es sich bei Filmen, Objekten der bildenden Kunst oder Oper jedoch nicht um Texte in dem hier verstandenen Sinne handelt, sollen die intermedialen Bezüge des Textes bei einer Intertextualitätsanalyse nicht berücksichtigt werden. Intertextualität im strengeren Sinne bezeichnet lediglich eine intrasemiotische oder isomediale Relation zwischen Texten.[318]

Von der Intermedialität zu unterscheiden ist die Intergenerität, der Bezug und Wechsel zwischen zwei Texten verschiedener Gattungen. Beide Bezugsfelder können sich, z. B. im Falle der Aufführung (narrativer Text --> Drama --> Inszenierung), überschneiden und wechselseitig bedingen.

Die Referenz eines Textes auf einen gattungsfremden Text gehört jedoch zu den Referenzformen der Intertextualität, während die szenische Realisation eines Bühnenstücks zur Intermedialität gezählt wird.[319] Intergenerität nimmt in der Forschungsliteratur zum Thema Intertextualität nur eine geringe Stellung ein. Der Gattungsbezug eines Textes wird zwar unter dem Stichwort Systemreferenz eingehend untersucht, doch ist damit fast immer nur die intragenerische Intertextualität gemeint.[320]

---

[314] Vgl. Panofsky 1975, S. 36f., ebs. S. 50.

[315] Vgl. Karbusicky 1985, S. 361f.

[316] Vgl. Petöfi/Olivi 1988, S. 337.

[317] Vgl. Zander 1985, S. 178f.

[318] Vgl. Petöfi/Ollvi 1988, S.337.

[319] Broich/Pfister 1985, S. 159.

[320] Lenz 1985, S. 164, Genette 1993, S. 383.

4.3.1.3 Intratextualität, Paratextualität und Intertextualität

4.3.1.3.1 Beziehungen auf der syntagmatische Achse

Neben seiner Referenz auf sozio-kulturelle Bedeutungssysteme und Objekte anderer Kunstformen kann der Text auch Beziehungen zu Objekten seines eigenen künstlerischen Systems, d. h. zu literarischen Texten, Textsegmenten, Textgruppen oder Textnormen aufbauen. Während Extratextualität und Intermedialität jedoch ausschließlich textexterne Referenzformen bezeichnen, muss bei dem Bezug auf andere verbale Objekte zwischen einer textinternen und einer textexternen Beziehungsstruktur unterschieden werden.

Jede intertextuell organisierte Textstelle verweist als doppelt kodiertes Zeichen sowohl auf entsprechende Bezugstexte als auch auf den sie umgebenden syntaktischsemantischen Zeichenzusammenhang. Auf der syntagmatischen Achse lässt sich die intertextuell organisierte Textstelle daher als Zeichenfolge beschreiben, deren Elemente durch grammatikalische Konnexionen, Wiederaufnahme-Relationen oder thematische Verweise mit einem innertextuellen Kontext oder Kotext verflochten sind.[321]

Die Beziehung zwischen einem Textelement und seinem Kotext wird als Intratextualität bezeichnet und damit von Intertextualität als Beziehung zwischen einzelnen Texten oder Textklassen unterschieden.[322]

Die Analyse intratextueller Strukturen gibt Aufschluss über die kotextuelle Einbettung und die textimmanente Bedeutung der intertextuell organisierten Textstelle. Beide Momente sind wichtig für eine Intertextualitätsanalyse. Die kotextuelle Einbettung der untersuchten Textstelle gibt Aufschluss über die Art und Weise der intertextuellen Markierung; die Bestimmung der textimmanenten Bedeutung der Textstelle stellt die Basis dar für die Beschreibung der Sinnkomplexions- und Sinndiffusionsprozesse der Intertextualität.[323]

Auf der Grenze zwischen Intra- und Intertextualität ist die Paratextualität des Textes angesiedelt. Zum Paratext gehört nach Genette „all jenes Beiwerk, durch das ein Text zum Buch wird und das als solches vor die Leser und, allgemeiner, vor

---

[321] Link 1985, S.40.

[322] Vgl. Grübel 1983, S.222.

[323] Vgl. Hebel 1989, S. 86f.

die Öffentlichkeit tritt".[324] Insofern ist der Paratext in erster Linie durch seine räumliche Stellung zu den anderen Elementen des Textes bestimmt. Diejenigen paratextuellen Elemente, die innerhalb desselben Textbandes oder in den Textzwischenräumen aufzufinden sind (Titel, Vor- und Nachwort, Motti, Kapitelüberschriften, Fußnoten, Anmerkungen etc., aber auch Waschzettel, Umschlag und Bauchbinde), bezeichnet Genette als Peritext, die Elemente, die außerhalb des Textes angesiedelt sind, als Epitext (Briefe, Tagebuchnotizen, Interviewbeiträge, Selbst- und Fremdkoninientare etc.).

Der Epitext lässt sich relativ problemlos in den (semi-literarischen) Intertext einordnen. Auch die Peritextualität kann als Sonderform der Intratextualität definiert werden, solange es sich um peritextuellen Elemente handelt, die, wie der Kotext, auf der syntagmatischen Achse des Textes angeordnet sind. Die paratextuellen Elemente sind mehr der Institution des Buches als der des Textes zuzurechnen.

Im Gegensatz zu Umschlag, Waschzettel, Klappentext etc. bezeichnet Peritextualität jedoch eine gesonderte Form des Text-Text-Kontakts.

Paratextualität soll im Folgenden - trotz der terminologischen Abgrenzungsschwierigkeiten als eine Form der Referenz zwischen textuellen Äußerungsformen neben Intra- und Intertextualität berücksichtigt werden. Dies geschieht auch aus dem Grunde, weil in manchen Fällen der Bezug zum Paratext die intertextuelle Disposition eines Textes oder intertextuelle Markierung einer Textstelle erst offenkundig werden lässt. Beispiele dafür sind Motti[325] oder literarisierte Fußnoten.[326]

---

[324] Genette 1989, S. 12.

[325] Vgl. Genette 1989, S. 141f.

[326] Vgl. Benstock 1983.

4.3.1.3.2 Beziehungen auf der paradigmatischen Achse

Nach Kennzeichnung der Extratextualität, Intermedialität, Intra- und Paratextualität werden als Referenz eines Textes auch einen oder mehrere andere Texte, eine Textklasse oder Konvention desselben Mediums. Intertextualität als eine spezifische textuelle Qualität manifestiert sich demnach zwischen einem referierenden Text und mindestens einem Bezugstext.

Als referierender Text (T1) wird bei einer Intertextualitätsanalyse meist ein einzelner, manifester literarischer Text untersucht, von dem ausgehend die Interferenzstrukturen zum Bezugstext beschrieben werden.[327]

In den seltensten Fällen wird unter dem referierenden Text eine Textgruppe oder Textklasse verstanden, die in affirmativer oder negierender Absicht Bezug auf einen Einzeltext oder eine andere Textklasse nimmt.[328]

Dem referierenden Text steht als Referenzobjekt der Bezugs- oder Prätext (T2) gegenüber.[329] Prätext eines literarischen Textes kann jeder weitere, klar identifizierbare Text oder eine Textklasse bzw. Textnorm sein. Bezüge zu einem oder mehreren individuellen Text(en) werden als Einzeltextreferenz bezeichnet, Verweise auf eine bestimmte Gattung, ein Textsortenmuster oder eine spezifische Schreibweise als Systemreferenz klassifiziert.

Nur bei Einzeltextreferenzen unterscheidet man die verschiedenen Intertextualitätstypen nach der Frequenz der referierten Texte. Frequenz meint dabei nicht nur die Anzahl und Streubreite der Prätexte.[330] Für den Fall, dass auf den Text/die Texte auszugsweise im Sinne eines Zitats oder einer Anspielung Bezug genommen wird, spricht Genette von Intertextualität; für die Referenz auf den Prätext als Ganzen behält er sich den Terminus Hypertextualität vor.[331]

Einzeltextreferenzen erfolgen in der Regel als allographe Intertextualität zwischen Texten von verschiedenen Autoren. Die Intertextualitätsforschung kennt jedoch auch die autographe Intertextualität oder Autotextualität als Referenz auf einen Prätext des gleichen Autors.[332] Als Sonderfall der intertextuellen Bezüge kann

---

[327] Vgl. z. B. Holthuis 1983.

[328] Lachmann 1984, S. 187.

[329] Die Begriffe "Prätext", "Bezugstext" und "Referenztext" sollen im Folgenden synonym verwendet werden. Die Forschungsliteratur kennt jedoch auch folgende Termini: "Genotext", "Hypotext", "primärer Text", "latenter (Inter)-Text", "Text im Text" und "Subtext".

[330] Vgl. Pfister 1985b, S. 30, Plett 1985, S. 9, 11, 18, Holthuis 1983, S. 97, Petöfi/Olivi 1988, S. 337, Karrer 1977a, Broich/Pfister 1985, S. 103, Lindner 1985, Broich/Pfister 1985, S. 121.

[331] Genette 1989, S. 10, ebd. S. 15, ebd. S.21.

[332] Vgl. Holthuis 1983, S. 44f., vgl. Genette 1989, S. 75., vgl. Broich 1985b, S. 49.

die Pseudo-Intertextualität gelten. Sie dient entweder der Schein-Authentizität, indem sie mit bekannten Formen des (geisteswissenschaftlichen) Belegs oder des Bildungszitats arbeitet, oder treibt intertextuelle Strukturen auf die Spitze, indem sie sie nur noch imitiert.[333]

Neben referierendem Text und Bezugstext bedarf es zur Konstitution von Intertextualität einer Beziehung zwischen beiden Texten. Lachmann bezeichnet die Text-Relation als „impliziten Text":

> „Der implizite Text ist der Ort der Überschneidung von präsentem und absentem Text, der Ort der Interferenz von Texten, die kulturelle Erfahrungen als kommunikative vermittelt und kodiert haben."[334]

Auch Frey versteht die zwischentextliche Beziehung als einen Text, „dessen Teile - die Einzeltexte - einander gegenseitig so verändern, dass sie ihre Beziehung zueinander bedeuten."[335] Im Sinne der Denkfigur der Ambivalenz bei Bachtin konstituieren Text und Prätext durch ihre Beziehung zueinander einen Zwischen-Text, der keine Synthese aus beiden Texten, sondern ein gedankliches Drittes als dynamische Textinterferenz darstellt.

Referierender Text und Referenztext werden auf diese Textbeziehung hin lesbar, da der jeweils fremde Text beständig als Provokation, Negation oder Variante in den Text hineingespielt wird. Als solche ist die reziproke Textbeziehung (der implizite Text) der „Ort der dynamisch pluralen Sinnkonstitution, der die ästhetische Kommunikation als Erschließung/Erweiterung des signalisierten Sinnpotentials - letztlich - durch den Rezipienten programmiert (Rezipient als Interpret, Intertexter, Autor."[336]

Um dem impliziten Text als einem dritten ‚Text'-Element neben referierendem Text und Prätext Rechnung zu tragen und um den Charakter des textuellen Zwischen zu betonen, soll die Textbeziehung im Folgenden mit dem Terminus Intertext gekennzeichnet werden.[337]

---

[333] Vgl. Sauerbaum 1988, S.257f.

[334] Lachmann 1990, S. 63.

[335] Frey 1990, S. 23, ebd. S. 8 und S. 21f.

[336] Lachmann 1990, S. 63.

[337] Greber 1989.

4.3.1.4 Vertikale Kontextsysteme

Auf der syntagmatischen Achse unterhält eine intertextuell organisierte Textstelle Beziehungen zu ihrem Kotext als dem unmittelbaren Zeichenzusammenhang, in dem sie erscheint (Intratextualität), und zu ihrem Peritext als dem Beiwerk, das aus einem Text erst ein literarisches Buch werden lässt (Paratextualität). Auf der paradigmatischen Achse referiert das intertextuell organisierte Textsegment auf den soziokulturellen Kontext, der jeden Text als sozialhistorische Produktions- und Rezeptionssituation umgibt (Extratextualität), und auf bestimmte Prätexte, Textsorten oder Gattungskonventionen bzw. Objekte anderer künstlerischer System (Intertextualität und Intermedialität). Diese Referenzformen des Textes bestehen jedoch nicht unvermittelt nebeneinander, sondern bilden bestimmte Kontextsysteme aus.

Diese Kontextsysteme lassen sich auf der horizontalen Ebene als Interferenzen zwischen den internen Verweisstrukturen im referierenden Text und im Prätext beschreiben. Nach Ben-Porat steht die Bestimmung der kotextuellen Bedeutung einer textuelle des referierenden Textes am Beginn eines sich sukzessiv entfaltenden Lektüre- und Interpretationsprozesses. Als basale lokale Interpretation, die dem Zeichenzusammenhang (Z), in dem das intertextuelle Signal erscheint, einer entsprechenden Bedeutung zuordnet, bietet die Bestimmung der textimmanenten Funktion der referierenden Textstelle die Grundlage für alle weiteren Interpretationsschritte.[338]

Erscheint das Pendant zur intertextuell organisierten Textstelle im Prätext ebenfalls als eine identifizierbare Zeichenfolge (beispielsweise bei einer Anspielung), so muss auch hier die kotextuelle Einbindung und textimmanente Funktion bestimmt werden. Eine solche Bedeutungszuweisung des Zeichenzusammenhangs des Bezugstextes (Z2), in dem das referierte Textsegment erscheint, stellt für Ben-Porat die zweite Bedeutung dar.

Beide kotextuellen Bedeutungen werden in einem dritten Lektüreschritt so zueinander in Beziehung gesetzt, dass die Intratextualität des referierenden Textes und die Intratextualität des Prätextes sich nicht gegenseitig aufheben, sondern in ein Spannungsverhältnis gebracht werden. Diese Präsenz und wechselseitige Konfrontation der kotextuellen Bedeutungen im Intertext wird als intertextuelle Sinnkomplexion beider Textstellen lesbar.[339]

Übertragen auf eine Intertextualitätsanalyse stellen der erste und zweite Lektüreschritt die Bestimmung der kotextuellen Einbettung und textimmanenten Funktion der intertextuell organisierten Textstelle im illustrierenden Text und der

---

[338] Vgl. Ben-Porat 1976, S. 110f.
[339] Vgl. Ben-Porat 1976, S 110f. Vgl. Hebel 1989, S.65f., S. 86f.

93

markierten Textstelle im Prätext dar, während der dritte Lektüreschritt äquivalent ist zu einer abschließenden Konkretisierung der intertextuellen Funktion des Text-Text-Bezugs.

Auf der vertikalen Ebene kann eine Interferenz zwischen den kontextuellen Bezügen des intertextuell organisierten Textes und den inter- und extratextuellen Referenzen des Bezugstextes konstatiert werden. Hoesterey nennt die Bezüge des Textes zu einem oder mehreren Prätexten primäre Intertextualität, während sie die Bezüge zum Kontext des Bezugstextes als sekundäre Intertextualität bezeichnet.[340] Die primäre Intertextualität stellt nach Johnson den „denotative nucleus" dar, auf dem die sekundäre Intertextualität ein „connotative cytoplasm" aufbaut.[341] Jedem intertextuell organisierten Textsegment, dem auf der syntagmatischen Achse nur gleichwertige Elemente, andere Textsegmente zugeordnet sind (surface context), steht somit auf der paradigmatischen Achse ein expandierter inter- und extratextueller Kontext (infracontext) gegenüber.

Die primären und sekundären kontextuellen Bezüge von Text und Prätext versehen jede intertextuell organisierte Textstelle nicht mit einer Tiefendimension, die sich unter der materiellen Oberflächenstruktur des Textes auffinden lässt[342], sondern erschaffen einen Intertext als „vertikal-assoziative Sinndimension".
In der Absorption und Konsumption der fremden Texte entsteht der neue Text als deren semantische Komplexion, die weniger in einer horizontal-linearen Textqualität als vielmehr in einer vertikaltabellarischen Struktur der Intertextualität repräsentiert ist.[343]

Das vertikale Kontextsystem von Schaar ist für eine Intertextualitätsanalyse von erhöhtem Interesse, da auf diesem Wege nicht nur historische Textverarbeitungsstrategien ermittelt werden können, sondern auch die Transformationsprozesse beobachtbar werden, mit deren Hilfe kulturelles Wissen weiter- und umgeschrieben wird. Beispiele für solche Transformationsprozesse im Bereich der Intertextualität sind die von Smirnov untersuchten „zitierten Zitate":

> „[Bei einem zitierten Zitat] kann ein Prototext als Spielraum, in dem Sinnoperationen ausgeführt werden, dienen. In dieser intertextuellen Situation werden semantische Operationen dem Prototext vom neuen Text vorgegeben, so dass die Sinninformation eines früheren Textes (bzw. dessen Abschnittes) im folgenden Kunstwerk gespeichert wird. […] Wenn das konstruierende Zitat zutage tritt, dann wird

---

[340] Vgl. Hoesterey 1988, S. 102, 114, vgl. Adelsbach 1990, S. 15.

[341] Johnson 1976, S. 580. Vgl. Hebel 1989, S. 138.

[342] Vgl. Kapitel 1.2.2.1.4.

[343] Lachmann 1984, S. 347. Vgl. Schaar, 1978, S. 382.

die unmittelbare Sinnperzeption des älteren (bzw. des älteren und des jüngeren Textes) verändert."[344]

Derartige Kontextsysteme erscheinen jedoch methodisch kaum beherrschbar und lediglich ansatzweise rekonstruierbar.[345] Dies liegt u. a. daran, dass die (kotextuelle, extratextuelle oder intertextuelle) Bedeutung eines Textes keine Entität darstellt, die es nur mit anderen Entitäten abzugleichen gälte. Die Bedeutung eines Textes stellt sich erst im Akt der Lektüre ein, wobei die jeweilige Lektürestrategie abhängig ist von der geistes- und sozialgeschichtlichen Disposition des Publikums und der Vermittlung des Textes durch institutionelle Instanzen wie Schule, universitäre und publizistische Literaturkritik sowie Bearbeitungen in anderen Medien oder durch andere in der Rekonstruktion vertikaler Kontextsysteme spielt daher die Aufarbeitung der Rezeptions- und Wirkungsgeschichte des Prätextes eine große Rolle, die sich aus intertextueller Perspektive auch als Intertextualitätsgeschichte, d. h. Geschichte der Verweise auf diesen Text, beschreiben lässt. Mit ihrer Hilfe kann versucht werden, die Bedeutung zu bestimmen, auf die der spätere Text affirmativ, problematisierend, dekonstruktiv o. ä. reagiert.

4.3.2 Markierungen der Intertextualität

4.3.2.1 Der Marker als doppelt kodiertes Textzeichen

Jeder intertextuell organisierte Text weist bestimmte Textsegmente auf, die als Schaltstellen zwischen Text und Prätext fungieren. Diese gehören neben dem referierenden Text, dem Prätext und dem Intertext zur Generierung von Intertextualität dazu: die Referenzsignale oder intertextuellen Marker, die die Interferenz zwischen Text und Prätext erst motivieren.

Der Marker ist seiner Struktur nach ein doppelt kodiertes Textzeichen oder „dual sign" (Riffaterre). Er gehört einem syntagmatischen Zeichenzusammenhang im referierenden Text an, in dem er eine kotextuelle Bedeutung und textimmanente Funktion innehat. Zum anderen ist das Referenzsignal „always identificabel as an element or pattern belonging to another independent text."[346] Der Mar-

---

[344] Smirnov 1983, S. 288.

[345] Lachmann 1990, S.63.

[346] Ben-Porat 1976, S. 108. Vgl. Perri 1978, S. 290, Broich 1985b, S. 34

95

ker verweist damit nicht nur auf den Kotext (Intratextualität), sondern gleichzeitig auch auf die Prätexte, die mit seiner Hilfe in die Textstruktur des referierenden Textes sedimentiert worden sind.[347]

> „The dual sign is an equivocal word situated at the point where two sequences of semantic or formal associations intersect. Nodal point might be a better image, since the word links together chains of associations drawn along parallel path by the sentence".[348]

Der Verweis des doppelt kodierten Textzeichens auf den Prätext ist stets eine Referenz in absentia, da der Bezugstext. durch den Marker zwar repräsentiert, aber nicht reproduziert wird. Dies gilt auch dann, wenn die entsprechende Textsequenz des Prätextes im referierenden Text reIinearisiert wird (Zitat, Paraphrase).[349] Das Referenzsignal ist Teil des Zeichenzusammenhanges des referierenden Textes, hier ist es kotextuell eingebettet und hat eine textimmanente Bedeutung inne. Gleichzeitig verweist es bei einem Zitat oder einer Allusion auf ein bestimmtes Textsegment des Prätextes, das dort ebenfalls kotextuell eingebunden ist.[350]

Bei allen anderen Formen des Text-Text-Kontakts müssen neben Marker und markiertem Prätextelement auch die Modifikationen des Markers gegenüber seinem Pendant im Refereriztext beschrieben werden. [351]

Zur Unzugehörigkeit des Zitats gehört, dass die Texte sich füreinander öffnen. Der Text, der gibt, und der Text, der nimmt, beanspruchen es beide, und doch muss jeder es dem anderen überlassen. Das Zitat reißt die Texte auf, oder macht sie mindestens porös, so, dass sie ineinander einfließen oder eingreifen.[352]

Als Referenz in absentia stellt der intertextuelle Marker eine besondere Beziehung zum Prätext her, da er es vermag, dessen ko- und kontextuelle Bedeutung einzuholen, eventuell ein vertikales Kontextsystem aufzubauen, ohne auf den Prätext als ganzen, sondern nur auf ausgewählte Prätextelemente Bezug zu nehmen. Diese generelle Referenzstruktur des Markers zum Prätext ist wiederholt als metonmische Beziehung charakterisiert worden.[353]

Perri wendet jedoch zu Recht ein, dass die Beziehung des Markers zum Referenztext keine pars pro toto-Relation ist, bei der das gesamte Bedeutungspoten-

---

[347] Broich/Pfister 1985, S. 81. Vgl. auch Plett 1985, S. 9.

[348] Riffaterre 1980, S. 86. Vgl. Riffaterre 1990, S. 58 und 75. Vgl. auch Perri 1978, S. 295.

[349] Vgl. Meyer 1967, S. 12. Vgl. Holthuis 1993, S. 92f.

[350] Vgl. Ben-Porat 1976, S. 110.

[351] Ihwe 1971, S. 589. Vgl. Ben-Porat 1976, S. 115. Vgl. Plett 1985, S. 9.

[352] Frey 1990, S. 51.

[353] Ben-Porat 1976, S. 108-109. Vgl. Hebel 1991, S. 139.

tial, die komplette Wirkungsgeschichte des Prätextes aufgerufen wird. Der Marker verweist zwar auf den kompletten Prätext, auch wenn er nur auf eine bestimmte Textstelle des Prätexts Bezug nimmt. Durch die Selektion dieses Prätextelements (M2) wird jedoch eine perspektivische Beziehung zum Referenztext eröffnet.[354] Die Auswahl von M2 gibt Aufschluß über die Konnotationen des vertikalen Kontextsystems, die in die intertextuelle Relation miteinbezogen werden.[355]

Die genaue Bestimmung der textimmanenten Funktion der referierten Textelemente ist somit Vorbedingung für die Analyse der besonderen Verweisstruktur des referierenden Textes. Zugleich führt die Selektion bestimmter Prätextelemente im Akt einer intertextuellen Relation zu einer partiellen Isolation der Prätextelemente. Diese schafft Raum für eine neue, veränderte Lektüre des Referenztextes im Lichte des Intertexts. Die Text-Text-Relation ist somit keine Repräsentation des einen Textes im anderen, sondern eine reziproke Textbeziehung, deren sinndynamisierende Kraft (intertextuelles Spannungsverhältnis) beide Texte erfasst.

4.3.2.2 Identifizierung des Markers

Der Begriff des Markers legt nahe, dass das Referenzsignal neben seinem Verweis auf Kotext und Prätext auch einen Verweis auf sich selbst enthält, d.h. dass es sich als referierendes Element markiert. Riffaterre geht davon aus, dass die Struktur des doppelt kodierten Textzeichens der Funktionsweise der Syllepse ähnelt Wie bei der rhetorischen Figur, bei der ein Wort oder Satzteil zwei oder mehr syntaktisch oder semantisch verschiedenen Satzteilen zugeordnet ist, wird die Zugehörigkeit des Markers zu einem anderen Kotext als „ungrammaticality" dechiffrierbar. Das doppelt kodierte Element verweist auf die Syntax, die es konstituiert, das heißt auf eine präsente Zeichenreihe von textueller Konsistenz, und gleichzeitig - als Isotopiebruch - auf absente Texte.[356]

Eine solche intratextuelle Defizienz kann auf den verschiedenen Textebenen oder im Rahmen der unterschiedlichen Präsentationsformen des Textes erkennbar werden. In einem solchen Fall sprechen Broich und Füger und mit ihnen viele andere von „Markierung der Intertextualität". Die Syllepse ist

> „a word that has two mutally incompatible meanings, one acceptable only in the context in which the word appears, the other valid only in the intertext to which

---

[354] Vgl. Perri 19978, S. 292, 297, 299., Vgl. Schaar 1978, S. 384.

[355] Ben-Porat 1976, S. 109.

[356] Lachmann 1990, S. 80, vgl. S. 60.

the word also belongs and that it represents at the surface of the text, as the tip of the iceberg."[357]

Auch Culler und Pem bestimmen die Struktur und Funktionsweise des Referenz-signals in Anlehnung an sprachwissenschaftliche Phänomene. Culler versteht die Marker als Präsuppositionen, die auf einen entsprechenden Prätext mitverweisen:

> „The first is to look at the specific presuppositions of a given text, the way in which it präduces a pre-text, an intertextual space whose occupants may or may not correspond to other actutal texts. [...] The second enterprise, the study of rhe-torical or pragmatic presuppositions, leads to a poetics which is less interested in the occupants of that intertextual space which makes a work intelligible that in the conventions which underlie that discursive activity or space."[358]

Pems Auffassung nach denotieren die markierten Textelemente wie Eigennanien spezifische Prätexte: „Allusion-markers act like proper names in that they denote unique individuals (source texts)."[359]

Repräsentation des einen Textes im anderen, sondern eine reziproke Text-beziehung, deren sinndynamisierende Kraft (intertextuelles Spannungsverhältnis) beide Texte erfasst.

Dem Leser können die Referenzen auf den Prätext ebenfalls bewusst sein - ein Textsegment gilt jedoch auch dann als markiert, wenn der Leser die Referenz-signale nicht entschlüsselt.[360] Zur „Nullstufe intertextueller Markierung", d. h. zur nicht-markierten Intertextualität zählen nach dieser Skalierung nur solche Bezüge,[361] die nicht intendiert und vom Autor nicht bewusst gestaltet worden sind.

Da die gleichen Autoren nur bewusste, intendierte und markierte Textrefe-renzen zum[362] Kernbereich der Intertextualität rechnen, muß man voraussetzen, dass Broich und andere in der Lage sind, vor jeder Intertextualitätsanalyse nicht nur die Intention des Autors, sondern auch dessen Bewusstseinszustand zu bestimmen. Abgesehen davon, dass eine solche Definition der Markierung zentralen Thesen der Intertextualitätstheorie von Kristeva oder Barthes widerspricht, etabliert sie auch eine hermeneutische Fundierung der Intertextualität, die sich in der Praxis als prosa-isch erweisen muss.[363]

---

[357] Riffaterre 1990, S. 71. Vgl. Lausberg 1984, S. 105f., §§ 324-325.
[358] Culler 1976, S. 1395.
[359] Perri 1978, S. 291.
[360] Vgl. Broich 1985b, S. 31-32.
[361] Vgl. Füger 1989, S. 181.
[362] Vgl. Pfister 1985b, S. 27; Broich 1985a, S. 48; Füger 1989, S. 181; Schmid 1983, S. 143.
[363] Vgl. Goddeck 1993, S. 1-10.

Welches Kriterium macht es möglich, zwischen bewussten oder unbe-wussten Zitaten zu differenzieren, wenn dem Literaturwissenschaftler (der Litera-turwissenschaftlerin) nur der Text zur Verfügung steht? Welche dem Zitat beigefüg-ten Kennzeichnungen erlauben die Bestimmung der Autorintention? Broich und Füger schweigen sich über derartige Probleme aus. Es scheint, als sei der Grad der Explizitheit der Markierung Garant für die Diagnose von Intention und Bewusst-heit.[364]

Mit einer derartigen Bestimmung drehen sich die Autoren jedoch augen-scheinlich im Kreis: Wenn eine intertextuelle Markierung dann vorliegt, wenn die Textbezüge vom Autor bewusst und intendiert verarbeitet worden sind, dann kann die Explizitheit der Markierung nicht gleichzeitig Indikator für die Autorintention sein. Broich und Füger scheitern bei ihrem Versuch, textinterne Kriterien für die Erkennkeit einer intertextuell organisierten Textstelle zu entwickeln. Intertextualität kann nicht dadurch objektiviert werden, indem man versucht, ihre Referenzstruktu-ren rezeptionsunabhängig zu formulieren.

Die Markierung ist einem Textsegment nicht äußerlich, d.h. eine vom Au-tor beigefügte Zeichenqualität, sondern ein Textelement des referierenden Textes wird erst dann zu einer intertextuellen Markierung, wenn es von Rezipienten vom Interpreten als ein Referenzsignal erkannt wird.[365]

Jede drucktechnische Hervorhebung oder grammatikalische Defizienz kann den intertextuellen Marker nur zusätzlich markieren. Die Funktion derartiger Techniken ist nicht auf die der intertextuellen Signalisierung beschränkt. Zu denken ist dabei die Hervorhebung eines fremdsprachlichen Ausdrucks oder - bei moderner Prosa - die Zurückweisung grammatischer oder thematischer Kohärenzstrukturen. Zudem garantiert auch eine zusätzliche Markierung nicht die Erkennbarkeit inter-textueller Referenzen. Ein Textelement muss daher immer erst als Schaltstelle zwi-schen der syntagmatischen Einbettung und der paradigmatisch-intertextuellen Ex-pansion lokalisiert werden bevor die Vorlieben von Isotoniebrüchen oder anderen Markierungsformen konstatiert werden können. Ohne Intertextualitätsbewusstsein (literarisches Wissen) kann der Leser einen intertextuell organisierten Text auch anders, d. h. nicht-intertextuell, rezipieren.

---

[364] Vgl. Broich 1985b, S. 33; Füger 1989, S. 182.

[365] Riffaterre 1980, S. 75. Vgl. Ben-Porat 1976, S. 110, Jenny 1982, S. 44, Plett 1985, S. 95, Stempel 1983, S. 104, Lachmann 1990, S. 60.

4.3.2.3 Markierungen des Markers

Die Hervorhebungen des Markers werden meist nach dem Grad der Explizitheit differenziert in explizite und implizite Markierungen sowie (eventuelle) Mischformen.[366] Was unter die jeweiligen Markierungsformen subsummiert wird, variiert von Autor zu Autor[367], obwohl die Begriffe explizit/implizit wie selbsterklärende Termini verwandt und nur selten definiert werden. Lediglich Holthuis legt ihr Verständnis von expliziter und impliziter Markierung offen: zu den expliziten Markierungen zählt sie alle Marker, die „durch konventionalisierte graphotextologische Markierungen und[368] „durch bibliographische Angaben gekennzeichnet sind Implizite Markierungen sind hingegen nur „aus der spezifischen Disposition des Textes selbst zu erschließen.“[369]

Die stark an wissenschaftlicher Zitationsweise orientierte Unterscheidung Holthuis' ist kaum geeignet zur Differenzierung spezifisch literarischer Markierungsformen. Die Kategorie der impliziten Markierung wird überladen, da dieser Kategorie alle Arten literatureigener Signalisierung von Intertextualität zugeordnet werden (grammatikalische Inkompatibilitäten, Sprachwechsel, Titelallusionen etc.). Zudem erlaubt die hier exemplarisch dargestellte Typologisierung zusätzlicher Markierungen von Intertextualität lediglich Notierungen (explizit/implizit) und liefert darüber hinaus keinen Erkenntnisgewinn.

Sinnvoller erscheint es daher, einen Vorschlag von Lindner und Moennighoff aufzugreifen und die intertextuellen Marker hiisichtlich ihrer Integration auf den verschiedenen Textebenen des referierenden Textes zu beschreiben. Eine solche Klassifikation hat den Vorteil, dass bei der Bestimmung der Integrationsform des Markers bereits Aussagen über die perspektivische Beziehung zum Referenztext getroffen werden können.[370] Zudem erlaubt die Annahme eines Textebenenmodells die Analyse von Elementen- und Struktur-Repräsentationen sowohl auf der discours- als auch auf der histoire Ebene und stellt daher eine wichtige Revision des post[371] strukturalistischen Textbegriffs im Sinne einer Semiotik der Intertextualität dar.

Markierungen auf der phonologischen Ebene sind besonders häufig bei Gattungsoder Stilparodien (Pastiche) verwirklicht. Hier kann durch die Übemahme

---

[366] Plett 1985, S. 85, S.11-12, Holthuis 1993, S. 108f., Hoesterey 1988, S. 168f.

[367] Plett 1985, S. 12.

[368] Vgl. Holthuis 1993, S. 109.

[369] Vgl. Holthuls 1993, S. 110.

[370] Vgl. Lindner 1985, S. 119f., Moennighoff 1991, S. 19f.

[371] Vgl. 1.2.2.1.4.

von metrischen Mustern oder die Nachbildung phonologischer Eigentümlichkeiten auf eine bestimmte lyrische Gattung oder den eigentümlichen Stil eines bestimmten Autors, einer bestimmten literarhistorischen Epoche angespielt werden.[372] Das Gleiche gilt für das Nachempfinden spezifischer Satzbildungsmuster auf der syntaktischen Ebene des Textes. Auch hier wird auf die charakteristische Schreibweise eines Autors oder Genres hingewiesen.[373] Möglich ist es zudem, ein Zitat im Text eine durch entsprechende inquit-Formel einzubinden.

Auf der lexikalisch-semantischen Ebene des Textes ergeben sich verschiedene Markierungsformen durch Transformation bestimmter Wortbildungsmuster oder rhetorischer Wortformen sowie durch Übernahnie spezifischer Schlüsselwörter. Als solche sind z. B. Titelallusionen zu klassifizieren, die - will man Broich Glauben schenken - zu den am häufigsten verwendeten Mittel gehören, einen Text-Text-Bezug zu signalisieren.[374] Dies liegt zum einen daran, dass Titeln bereits aufgrund ihrer die Nachbildung von Handlungssequenzen, Figurenkonstellationen, Motiven u. ä., aber auch das Auftreten der Phänomene, die unter dem Stichwort „Buch im Buch" subsumiert werden.

So kann eine Figur z. B. einen Prätext lesen, kommentieren, ihn zur Identifikation oder Distanzierung verwenden (Shakespeares „Hamlet" in „Wilhelm Meisters Lehrjahre"); der Prätext kann im Geschehen als physischer Gegenstand präsent sein (die Reclam Ausgabe von Goethes „Werther" in „Die neuen Leiden des jungen W."); oder der Prätextbezug wird dadurch hergestellt, dass fiktive Figuren aus dem Referenztext im Geschehen des referierenden Textes auftreten (Goethes „Wilhelm Meister" in „Die Versuche und Hindernisse Karls").[375]

Prätextbezüge können auch durch Nebentexte identifiziert werden. Im Sinne der Genette'schen Terminologie unterscheidet man peritextuelle von epitextuellen Markierungen. Referenzsignale im Peritext sind z. B. Fußnoten, Motti oder Vor- und Nachworte eines Textes. Als epitextuelle Markierung gilt eine Identifizierung des intertextuellen Bezugs die ein Autor im Zuge von Interviews oder Selbstkommentaren vornimmt.[376]

Sowohl auf den textintemen Ebenen als auch im Rahmen des Paratextes können Referenzsignale durch drucktechnische Hervorhebungen zusätzlich markiert werden. So kann ein Zitat z. B. durch Kursivdruck oder Kaptitälchen als Fremdkörper signalisiert werden. Das gleiche gilt für Formen der graphemischen Markierung: Sowohl auf der syntaktischen und der lexikalischsemantischen als auch

---

[372] Vgl. Holthuis 1993, S. 113.

[373] Genette 1993, S. 129.

[374] Vgl. Broich 1985b, S. 36.

[375] Vgl. Wuthenow 1980, S. 74f, Broich 1985b, S. 39f. Vgl. Plett 1985, S. 10f.

[376] Vgl. Broich 1985b, S. 35f. Vgl. Plett 1985, S. 85.

auf der Ebene der Erzählstruktur ist eine Signalisierung von Markern durch Anführungszeichen, Doppelpunkte, spatiale Leerstellen oder orthographische Besonderheiten denkbar. Schriftbilder, Stilkontrast und die explizite Nennung von Texttiteln und/oder Figurennamen. Moennighoff zählt das innere Kommunikationssystem zum textsemantischen Bereich der Intertextualität.[377]

4.3.3 Referenzstrukturen der Intertextualität

Mit dem referierenden Text (T1), dem Prätext (T2), dem Intertext (I) sowie dem Marker (mi) sind die vier Größen bestimmt worden, deren Verhältnis zueinander Intertextualität als neue textuelle Qualität hervorbringt. Der Intertext stellt selbst bereits eine relative Größe dar, da sich seine Verfasstheit nach der Beziehung zwischen referierendem Text und Prätext ausrichtet, die durch den Marker initiert und perspektiviert wird.

Fixpunkt des intertextuellen Verhältnisses ist der referierende Text. Als Untersuchungsgegenstand der Intertextualitätsanalyse tritt er stets als manifester Einzeltext in Erscheinung. Die Referenzstruktur des Intertextes muss daher in Abhängigkeit von der Varianz der beiden verbleibenden Größen, Prätext und Marker, beschrieben werden. Dabei ist grob zwischen zwei globalen Interferenzmustern zu differenzieren: je nach Anzahl und Art der Prätexte gestaltet sich der Intertext als Einzel- oder Systemreferenz; je nach Dichte und Plazierung der Marker vollzieht er eine Elementen- oder Struktur-Repräsentation.

4.3.3.1 Einzeltext – und Systemreferenz

Ein erstes Interferenzmuster wird durch die Art des Prätextbezuges vorgegeben. Für Petöfi und Olivi ist dieses Kriterium allein ausschlaggebend zur Bestimmung der Globaltypen intertextueller Relationen:

Eine intertextuelle Relation zwischen zwei gegebenen Texten besteht dann, wenn sie entweder typologisch verwandt sind, oder wenn der eine auf irgendeine Weise auf den anderen referiert.[378]

---

[377] Vgl. Moennighoff 1991, S. 32f.

[378] Holthuis 1993, S. 49; Vgl. Petöfi/Olivi 1988, S. 338, ebd. S. 345, S. 346 und 349.

Die Termini „referentielle" und „typologische Intertextualität" können mit den von Broich und Pfister in die wissenschaftliclie Diskussion eingebrachte Unterscheidung zwischen „Einzeltext-," und „Systemreferenz" identifiziert werden. Broich und Pfister gehen jedoch einen Schritt weiter als Peöfi und Olivi als sie beide Relationsmuster als Referenz und damit als zielgerichtete Bezugnahme auf verbale Objekte klassifizieren. Systemreferenz wird somit als intertextuelle Strategie spezifischer literarischer Texte bestimmbar und kennzeichnet nicht ein typologisches Verständnis, das letztendlich jedem Text eigen ist.

Einzeltextreferenz liegt vor, wenn ein Text Beziehungen zu einem oder mehreren identifizierbaren Einzeltexten unterhält. Referierender Text und Prätext sind in dieser Referenzstruktur genau angebbar als intertextuelles Verhältnis zwischen Text A und Text B (bzw. den Texten B - X). Die Interferenz zwischen A und B bezeichnet den Prototyp der Einzeltextreferenz. Daher ist es methodisch uninteressant, zwischen einer Referenz auf einen Prätext und der Referenz auf mehrere Prätexte zu unterscheiden, da der Prototyp bei einem Cento, einer Zitatmontage o. ä. lediglich um eine bestimmte Anzahl von Faktoren erweitert wird.

Werden mehr als ein Prätext in die Referenzstruktur des untersuchten Textes eingebunden, ist es daher wichtiger, die Hierarchie der Referenztexte zu bestimmen. Dies bedeutet zum einen die Klärung des Dominanzverhältnisses der Bezugstexte. Gleichrangig präsent sind die Prätexte dann, wenn die Anzahl der Prätextbezüge und der Anteil der zitierten Textpassagen sich entsprechen. Im Gegensatz dazu dominiert ein Prätext die anderen Referenztexte, wenn der Bezug auf ihn als strukturelle und thematische Konstante des referierenden Textes registriert werden kann, der die Referenzen auf andere Prätextelemente lediglich beigeordnet sind.[379]

Zur Systemreferenz eines Textes zählt Pfister all jene Prätextbezüge, die nicht auf einen individuellen Bezugstext rekurrieren, sondern auf einen Prätext, der hiervon gebildet oder genauer von den „hinter ihnen stehenden und sie strukturierenden textbildenden Systemen" gebildet wird.[380] Systemreferenzen unterhält der Text daher

(1) zu den sprachlichen Codes und dem Normensystem der Textualität,
(2) den verschiedenen Diskurstypen,
(3) den literarischen Schreibweisen und Gattungen und
(4) zu den Archetypen und Mythen.[381]

---

[379] Vgl. Broich 1985a, S. 50.
[380] Broich/Pfister 1985, S. 53.
[381] Vgl. Broich/Pfister 1985, S. 53f.

Von diesen vier textbildenden Systemen gehört nur der dritte Typus zum Geltungsbereich der Intertextualität, so wie er hier definiert ist. Eine Erweiterung der Systemreferenzen um den Bezug auf Archetypen und Mythen ist jedoch sinnvoll, wenn diese in Form von literarischen Texten (Homer, Sophokles u.a.) oder mythischen Narrationen vorliegen. Die Untersuchung der Referenzen auf sprachliche Codes bzw. auf diskursive Formationen muss der Interdiskursivitäts- oder Kontextanalyse überantwortet werden.

Der Bezug des referierenden Textes auf eine Textsorte, Gattungstradition oder literarische Schreibweise wird als generische Systemreferenz oder „Architextualität" bezeichnet.[382] Diese Form des Text-Textmuster-Kontakts ist besonders wirkungsmächtig bei der Entstehung literarischer Gattungen, wie Suerbaum zu zeigen vermag.[383]

Bei allen Gattungen gehört Intertextualität zu den konstitutiven Merkmalen: Gattungen bestehen aus Texten, die ihren Zusammenhang als Reihe oder Gruppe dadurch erhalten, dass sie aufeinander bezogen sind, und die ihre Bezogenheit auf andere Texte in der Regel durch deutliche, von jedem Rezipienten zu lesende Signale und Markierungen zum Ausdruck bringen.[384]

Markierung von generischer Intertextualität sind auf allen Textebenen zu lokalisieren und abhängig von den konstitutiven Strukturen der referierten Gattung. Die Gattungsdefinition des Sonetts ist eher durch metrische Markierungen abrufbar wobei der Verweis auf das Genre der Detektivgeschichte mehr durch Ähnlichkeiten der Aktantenkonstellation und des Handlungsaufbaus erzielt wird.[385]

Neben dem Bezug auf Gattungstraditionen, literarischen Schreibweisen oder Textkonventionen verweist jede Systemreferenz indes auch auf einen paradigmatischen Text einer Gattung, einer literarischen Schreibweise, einer Textkonvention; jede Einzeltextreferenz verweist über den konkreten Text hinaus auf seine textbildenden Systeme. Pfister urteilt daher:

„Ein System ist überhaupt nur über seine Aktualisierungen greifbar, denen es zugrundeliegt, und jedes System ist gleichzeitig die Aktualisierung eines abstrakteren Systems, wie die Aktualisierung selbst wieder Systemcharakter hat".[386]

Da Einzeltext- und Systemreferenz nicht trennscharf voneinander abzugrenzen sind, ist es sinnvoll, lediglich methodisch zwischen beiden Referenzstrukturen als Eckwerte einer Skala intertextueller Verweismodi zu unterscheiden. Beim Vorlieben einer intertextuellen Relation müßte dann nicht entschieden werden, ob

---

[382] Genette 1993, S. 13., Vgl. Jenny 1982, S. 34, 42.

[383] Broich/Pfister 1985, S. 58f.

[384] Suerbaum 1985, S. 58f.

[385] Vgl. ebd.

[386] Pfister 1985b, S. 18f. Vgl. Adelsbach 1990, S. 15; Füger 1989, S. 188.

dieses Phänomen als Einzeltext- oder Systemreferenz einzuordnen ist, sondern kann vielmehr der Grad der Dominanz einer Einzeltext- oder Systemreferenz bestimmt werden. Eine solche Skala von Verweisstrukturen erlaubt es z.b. die Parodie Peter Rühmkorfs („Auf eine Weise des Joseph Freiherrn von Eichendorff") auf ein Gedicht von Eichendorffs („Das zerbrochene Ringlein") als dominante Einzeltextreferenz mit schwächeren Bezügen auf Form und Thematik des romantischen Liebes- und Naturgedichts.[387] Im Gegenzug kann beispielsweise Robert Neumanns Pastiche auf Thomas Mann („Der Sturz") als dominante Systemreferenz auf Manns charakteristische Schreibweise klassifiziert werden, die rezessiv Verweise auf paradigmatische Romane und Erzählungen Manns enthält.[388]

4.3.3.2 Elementen- und Struktur-Repräsentatio

Die zweite Interferenzstruktur läßt sich im Text aufgrund der Anzahl und Anordnung der Marker (mix,) sowie ihrer Beziehung zu den entsprechenden Segmenten im Referenztext (M2 X2) ablesen.

Eine solche Übernahme fremder Textelemente findet z. B. beim Zitat oder bei der Allusion statt. Der Terminus „Elementen-Reproduktion" ist jedoch missverständlich, da m, und M2 (bzw. x, und X2) aufgrund ihrer Einbindung in die Ko- und Kontext von T, und T2 niemals identisch sind und folglich nicht reproduziert, sondern lediglich repräsentierbar sind. Der Begriff „Elementen-Reproduktion" soll daher im Folgenden durch „Elementen-Repräsentation" ersetzt werden.

Da die Beziehung des Markers zu seinem Pendant im Referenztext implizit auch den Bezug auf andere Textelemente der Prätexte sowie den Intertext als Relation von referierendem Text und Prätext abruft, wird die Elementen-Repräsentation auch als besondere Form der Intertextualität begriffen. Die Referenzstruktur entspricht einer Kontiguitätsbeziehung zum Prätext bei der sich der referierende Text pars pro toto den Textsinn des Referenztextes aneignet.

Eine Kontiguitätsbeziehung liegt vor, wenn ein konstitutives Element eines fremden Textes (seine thematische, sequentiell-narrative oder stilistische Ebene betreffend) im manifesten Text wiederholt wird, das den Referenztext als ganzen evoziert, oder wenn eine signifikante Textstrategie eines fremden Textes repräsentiert wird, die den Referenztext in seiner Zugehörigkeit zu einer Poetik, zu einer literarischen Konvention mit spezifischen stilistischen, thematischen der narrativen

---

[387] Vgl. Verweyen 1979, S. 176f.
[388] Vgl. Freund 1981, S. 7 und 94f.

Mustern aufruft.[389] Die Bestimmung der Elementen-Repräsentation als metonymische Textbeziehung ist bei Lachmann problematisch, da die Wahl des Terminus Metonymie impliziert, dass der Prätext bei einer solchen Referenzstruktur „als ganzer" (s. o.) abgerufen wird.

Die Evozierung des Prätextes kann jedoch nicht das Herbeizitieren seiner materiellen Gegebenheit, sondern nur eine Evozierung seines Bedeutungspotentials sein. Dieses lässt sich indes nie ganz einholen, eine Referenz auf den Textsinn des Prätextes stellt daher immer eine perspektivische Beziehung dar, die nur ausgewählte Aspekte des Bedeutungsspektrums des Prätextes aufruft. Statt einer eingeschränkten pars proto-Beziehung zum Prätext verwirklicht eine Struktur-Repräsentation eine strukturelle Analogie zwischen referierendem Text und Referenztext.[390]

Die Beziehungen zwischen m, und M2 bzw. zwischen x, und X2 treten in den Hintergrund zugunsten einer Referenz zwischen den Relationen mi <-> x, und M2 <-> X2. Eine Struktur-Repräsentation tritt daher primär als Relation zwischen Relationen unterschiedlicher Elemente, als Beziehung (Analogie der Relationen und Verschiedenheit der relationierten Elemente) auf. Der Verweis auf Textstrukturen kann auf jeder Ebene des Textes erfolgen.

Durch den Begriff der Struktur-Repräsentation sind insbesondere solche Text-Text-Relationen beschreibbar, die sich auf der histoire-Ebene des Textes vollziehen und für die keine kanonisierten historischen Termini existieren.

„Dazu gehören die Nachbildung bestimmter Sequenzfolgen oder abstrakter Konzepte, die Übernahme bestimmter Figurenkonstellationen oder Motivstrukturen".[391]

Die Struktur-Repräsentation wird von Lachmann u. a. mit dem ebenfalls von Jakobson entlehnten Begriff der Similaritätsbeziehung gekennzeichnet. Im Sinne einer Metapher werden zwei oder mehr voneinander unabhängige Texte dadurch miteinander verknüpft, dass eine strukturelle Ähnlichkeitsbeziehung zwischen beiden aufgebaut wird. Werden dagegen im Phänotext, d. h. im referierenden Text, Strukturen als fremdtextlichen Strukturen äquivalent signalisiert, lässt sich von einer Similaritätsbeziehung sprechen. Diese Relation realisiert sich nicht in zitierten Elementen oder Verfahren, sondern im Aufbau von analogen Strategien, die ihre Entsprechungen in bestimmten Referenztexten haben. Die Analogie kann hierbei eine

---

[389] Lachmann 1990, S. 60f. Vgl. dazu ebd. S. 39-40, 111f.

[390] Vgl. Riffaterre 1990, S. 75f.

[391] Karrer 1977a, S. 102. Vgl. Karrer 1977b, S. 54f.

formale Äquivalenz bei völliger Umbewertung der Funktion oder die funktionale Äquivalenz bei völliger Umbesetung der Form bedeuten.[392]

Dadurch, dass die metaphorische Intertextualität Strukturen und damit Element-Verkettungsmuster nachbildet, evoziert sie den Prätext nicht indirekt im Sinne einer pars pro toto-Relation, sondern aktualisiert direkt größere Textzusammenhänge des Prätextes. Diese Aktualisierung kann so massiv werden, dass der Eindruck erweckt wird, der referierende Text überlagere den Prätext. Für diesen Modus der Text-Text-Beziehung hat Genette den Begriff der „Hypertextualität" geprägt.[393]

Elementen- und Struktur-Repräsentation schließen sich nicht gegenseitig aus, sondern können in einem gegebenen Text gleichzeitig realisiert sein. In einem solchen Fall ist das Verhältnis der repräsentierten Elemente zur Anzahl der repräsentierten Strukturen zu bestimmen. Theoretisch ergeben sich daher mindestens drei Referenzstrukturmuster, die Anfang, Mittelpunkt und Ende einer zweiten Skala intertextueller Referenzen darstellen:

1. alleinige Elementen-Repräsentation,
2. gemischte Repräsentation von Elementen und Strukturen,
3. alleinige Strukturen-Repräsentation.[394]

4.3.3.3 Komplexe Referenzstrukturmuster

Die Termini Elementen- und Struktur-Repräsentation bezeichnen mögliche Referenzstrukturen, die hinsichtlich der Art der Markierung unterschieden werden, d. h. nach der Anordnung der Marker (ml - x,) im referierenden Text. Die Begriffe Einzeltext- und Systemreferenz reflektieren hingegen die Art der Prätexte, auf die der referierende Text verweist. Eine Korrelierung beider Referenzstrukturen ist daher möglich und sinnvoll.[395]

Die einzelnen Felder der Matrix müssen vorerst offen bleiben, da in diesem zweidimensionalen Modell lediglich Globaltypen intertextueller Referenzen systematisiert werden können, die eine grobe Einordnung tatsächlicher Text-Text-Bezüge erlauben. So kann ein Zitat zwar relativ leicht als dominante Einzeltextreferenz mit Elementen-Repräsentation (Feld A) gekennzeichnet werden. Ob eine

---

[392] Lachmann 1990, S. 61. Vgl. ebd. S. 39f., 111f.

[393] Genette 1993, S. 14f., 18 und 20.

[394] Vgl. Karrer 1977a, S. 103, 106, 114.

[395] Karrer 1977b, S. 103.

bestimmte Parodie jedoch neben ihrer Referenz auf Strukturen der Gattung zusätzlich Bezüge zu einzelnen gattungstypischen Texten aufweist (Felder 1, G oder H), kann nur eine dezidierte Analyse klären, die hier nicht geleistet werden kann.

Eine weitere Verkomplizierung ergibt sich dadurch, dass beide Referenzstrukuren hinsichtlich der Quantität der repräsentierten Elemente und Strukturen bzw. der Bezugstexte differenziert werden müssen. Erst mit Hilfe dieser dritten Dimensionierung können manifeste Formen des Text-Text-Kontaktes angemessen beschrieben werden. So unterscheiden sich die von Lachmann klassifizierten Kontamination und Anahame um lediglich hinsichtlich der Anzahl der Prätexte und der Frequenz der im Text eingeflochtenen Marker.[396] Ansonsten stellen beide Textformen Elementen-Repräsentationen dar.

Eine erste Annäherung an eine solche zweidimensionale Beschreibung von Referenzstrukturmustern liefert Genettes Klassifikation der Hypertextualität. Genette klassifiziert Formen der Hypertextualität zum einen funktionell hinsichtlich ihres Registers (spielerisch, satirisch, ernst), zum anderen strukturell hinsichtlich der Art der Beziehung zwischen „Hypertext" (= referierender Text) und „Hypotext" (= Prätext). Daraus ergibt sich ein zweidimensionales Schema, das Genette als Grundlage für die Ermittlung der sechs Formen der Hypertextualität gilt.

Die beiden Beziehungsformen Transformation und Nachahmung sind mit den hier genannten Referenzstrukturen zwar nicht deckungsgleich, gleichwohl aber kompatibel. Transformation bezeichnet die Ableitung eines Textes aus einem anderen, die sich auch als Einzeltextreferenz mit Elementen- und/oder Strukturrepräsentation fassen lässt (Felder A, D oder G). Eine Transformations-Beziehung liegt der Parodie, der Travestie und der Traisposition zugrunde. Eine diffizilere Form der Textbeziehung ist bei Genette - die Nachahmung, die in etwa einer Einzeltext- und/oder Systemreferenz mit Strukturrepräsentation entspricht (Felder G, H oder 1). Bei einer Nachahmung muss der Code eines bestimmten Textes oder Textkorpus ermittelt werden, um auf dieser Basis ein Modell „epischer Gattungskompetenz" zu entwickeln, das zur Generierung einer unbegrenzten Zahl „mimetischer Performanzen" dienen kann.[397]

Aus einer Nachahmungs Operation entstehen daher insbesondere Formen des Text-Text-Kontakts, die auf den Stil des Prätextes referieren, wie Pastiche, Persiflage und Nachbildung.

Abschließend ergibt sich eine dreidimensionale Matrix zur Ermittlung komplexer Referenzstrukturmuster: auf der vertikalen Achse lässt sich die Art des Prätextbezuges (Einzelttext- oder Systemreferenz) im Verhältnis zur Art des Refe-

[396] Vgl. Lachmann 1990, S. 61, vgl. ebd. S. 60f., sowie Lindner 1985.

[397] Genette 1993, S. 110f., 112. Vgl. auch S. 16, 97, 99 und 104.

renzverfahren (Elementen- oder Struktur-Repräsentation) auf der horizontalen Achse abtragen. Dieses Verhältnis der beiden Referenzstrukturen zueinander bestimmt das jeweils vorliegende Referenzstrukturmuster qualitativ, während auf der diagonalen Achse die Quantität der übernommenen Prätexte bzw. Prätextelemente und -strukturen festgehalten werden kann.

4.3.4 Funktionstypen der Intertextualität

Eine Semiotik der Intertextualität, die außer einem Deskriptionsinstrumentarium auch ein Deutungsschema für intertextuelle Bezüge leisten will, kann die Text-Text-Bezüge nicht als selbstreferentielle und selbstgenügsame Interaktion begreifen. Intertextualität stellt im Rahmen der texttheoretischen Dimenison daher „keine bedeutungsleere und intentionslose Verweisung"[398] dar, sondern bildet konkrete Referenzstrukturmuster aus, deren Relevanz für Text und Prätext beschrieben werden kann. Die Funktionsbestimmung intertextueller Verweisstrukturen bedeutet neben der Begrenzung des Textes die grundlegendste Revision der literaturtheoretischen Voraussetzungen der Intertextualität.

Bachtin, der sich in seinen Schriften insbesondere mit dem Widerstreit von Bedeutungsintentionen beschäftigt hat, erklärt das Verhältnis der literarischen Text zueinander wie folgt:

> „Es gilt, gegen oder für alte literarische Formen zu kämpfen, sie sind zu benutzen und zu kombinieren, ihr Widerstand ist zu überwinden oder in ihnen ist Unterstützung zu suchen".[399]

Diese Formel des für oder gegen muss im Sinne von Bachtins Denkfigur der Ambivalenz als Affirmation und Negation, als dynamisch-prozessuale Auseinandersetzung mit der literarischen Tradition begriffen werden. In der Forschung ist diese Funktionsbestimmung jedoch als Oppositionsverhältnis gelesen worden, so als stünde jeder Text vor der Alternative, den Vorgängertext entweder zu repetieren oder zu destruieren. Affirmation wurde negativ konnotiert, als Trivalliteratur verschmäht, während die Negation der älteren Texte im Sinne der Entautomatisierung (Sklovskj, Tynjanov) als eigentliches „Merkmal des Künstlerischen" gewertet wurde.[400] Eine solche Dichotomisierung intertextueller Funktionen ist viel zu grob, um

---

[398] Stierle 1983, S. 15. Vgl. Lachmann 1990, S. 57.

[399] Bachtin 1979b, S. 120.

[400] Vgl. Sklovskj 1969, S. 31.

historische Typen von Intertextualität angemessen beschreiben zu können. Eine Einordnung aller Text-Text-Bezüge zwischen Affirmation oder Negation vernachlässigt die leisen Zwischentöne, die literarische Texte mit Hilfe eines einzelnen Zitats, einer versteckten Anspielung hervorbringen können. Zudem berücksichtigt das dichotome Funktionsparadigma nur das vage Verhältnis, das der referierende Text zu seinen Vorgänger-Texten einnimmt.

Unbeachtet bleiben dabei die intratextuelle Funktion als Motivierung des intertextuellen Verweises durch den referierenden Text selbst sowie die metatextuelle Funktion als Verhältnis des Textes zur Literatur als Diskurs. Im Folgenden sollen daher die Funktionen der Intertextualität hinsichtlich ihrer Ausformungen auf den verschiedenen Funktionsebenen (intratextuell, intertextuell) metamatisieren.[401] Eine derartige Verwendungsweise intertextueller Verfahren ist schwer abzugrenzen von sinnunterstützenden oder sinnerweiternden Funktionen des Text-Text-Kontakts.

Bei diesem substitutionären Funktionstypus liefem die eingebetteten Prätextsegmente Zusatzinformationen für den referierenden Text, die dieser für den Aufbau seines strukturell-narrativen Textmodells verwendet. Die Verweise auf den Prätext können im Rahmen der Sinnstützung/Sinnerweiterung einer Art inhaltlichen Legitimation dienen, indem z. B. mit Hilfe des Buches im Buch bestimmte Figuren konturiert oder Aktionen motiviert werden.[402]

Ebenso kann der Prätextbezug eine Funktion übemehmen, indem der Marker beispielsweise durch ein Titelzitat oder ein Motto den Prätext als Analogon zum referierenden Text aufruft und so die Rezeption des referierenden Textes leitet.[403] Klassisches Exempel für diese Funktion der Intertextualität ist Joyce „Ulysses".

Gleichzeitig können derartige intertextuelle Verfahren auch einen Sinnkontrast zwischen referierendem Text[404] und Prätext herbeiführen , wobei die 'ordnende Funktion' des Textbezuges in diesem Fall darin besteht, nicht als strukturbildende, sondern als Negativ-Folie die Rezeption und Rückerinnerung von Text und Prätext zu perspektivieren. Die Funktion des Sinnkontrastes ist es daher, auf der Grenze zwischen dem intratextuellen und dem intertextuellen Funktionstypus angesiedelt zu sein.

---

[401] Vgl. Stempel 1983, S. 96, Vgl. Holthuis 1993, S. 211.

[402] Vgl. Ahlers 1992, S. 97f., S. 185, Hebel 1989, S. 100f., Goebel 1972, S. 37.

[403] Vgl. Schulte-Middelich, Funktionen S. 221, Goebel S. 37f., Hebel, S. 102f.

[404] Vgl. Schulte-Middelich 1985, S. 223f. Vgl. Genette 1993, S. 404f.

4.3.4.1 Die intertextuellen Funktionen

Die intertextuellen Funktionen beschreiben das Verhältnis, das der referierende Text zum Prätext einnimmt bzw. die perspektivische Beziehung, in der beide Texte zueinanderstehen. Das Verhältnis zwischen referierendem Text und Prätext spiegelt das Verhältnis des aktuellen Textes zur literarischen Tradition, zum Korpus der geschriebenen Texte und kanonisierten Fonnen wider.

Lachmann benennt drei Modelle der Intertextualität, die die globale Einstellung des Textes gegenüber seinem eigenen Traditionszusarnmenhang reflektieren: Als Modell der Partizipation beschreibt Lachmann das Weiter- und Wiederschreiben fremder Texte, bei dem der Prätext im Akt der Referenz eine Bedeutungsbestätigung oder eine (neutrale bis positive) Bedeutungserweiterung erfährt.[405]

Diese Art der affirmativen Intertextualität findet sich z. B. bei Fortschreibungen oder Supplementen sowie beim imitatio veterum der Klassik:

> „According to it, the aesthetic quality of a text is dertermined by the degree to which it re-employs the structural rules and pre-texts of the classical canon - with the aim, though, of excelling the ancient in their craft."[406]

Tropik als zweites Modell der Intertextualität bezeichnet demgegenüber das Widerschreiben

> „als Wegwenden des Vorläufertextes, als Kampf, tragischen Kampf gegen die sich in den eigenen Text notwendig einschreibenden fremden Texte, als Versuch der Überbietung, Abwehr und Löschung der Spuren des Vorläufertextes."[407]

Als dekonstruierendes Verhältnis zwischen referierendem Text und Prätext impliziert Tropik jedoch mindestens zwei Stoßrichtungen: die negative und die invertierende Intertextualität. Die negative Intertextualität bedeutet die Zurückweisung des Traditionszusammenhangs und die Betonung des eigenen innovativen Status (Kontradiktio, Kontrafaktur).[408] Die invertierende Intertextualität spielt hingegen mehr mit dem Bedeutungspotentials des Prätextes, versucht dieses umzukehren, umzubewerten. Beispiele dafür finden sich in jeder literarhistorischen Epoche als Parodie, Travestie oder Persiflage.

---

[405] Vgl. Lachmann 1990, S. 38. Vgl. Zimmermann 1967, S. 187.

[406] Plett 1985, S. 19. vgl. von Stackelberg 1991, S. 1f.

[407] Lachmann 1990, S. 39. vgl. Zimmermann 1967, S. 187.

[408] Plett, 1985 S. 19.

Letztes Modell der Intertextualität ist die Transformation oder das Umschreiben fremder Texte

> „als eine über Distanz, Souveränität und zugleich usurpierende Gesten sich voll-
> ziehende Aneignung des fremden Textes die diesen verbirgt, verschleiert, mit ihm
> spielt, durch komplizierte Verfahren unkenntlich macht, respektlos umpolt, viele
> Texte mischt."[409]

Diese Art des relativistischen Text-Text-Verhältnisses stellt eine Zwischenstufe in
der Bachtinschen Dichotomie dar, die charakteristisch ist für die Literatur der Moderne und Postmoderne. Durch Collagen oder Montagen werden die Bedeutung
potentiale von Text und Prätext in ein Spannungsverhältnis versetzt, dass im Sinne
der Figur der Ambivalenz Text und Prätext gleichermaßen relativiert. Ziel einer
solchen Konfrontation von Texten ist die Evozierung eines alternativen dritten
Modells oder die generelle Verweigerung verbindlicher Sinnentwürfe durch Literatur.[410] Eine solche Verweigerungshaltung reflektiert Literatur über die Konstituti-
onsbedingungen des literarischen Diskurses und verwirklicht bereits ansatzweise die
metatextuelle Funktion.

4.3.4.2 Die metatextuelle Funktion: Rede in der Rede ist Rede über die Rede.[411]

Volosinovs Formel bezeichnet die Zusatzkodierung auf einer Metaebene jenseits
von Text und Prätext.[412] Dadurch, dass der referierende Text fremde Textelemente
in seine Struktur einbaut und sich als relational zu einem anderen Zeichenzusammenhang zu erkennen gibt, macht er die intertextuelle Textkonstitution selbst zum
Thema. Gleichzeitig verweist er auf die Brüchigkeit geltender Kunstbegriffe, auf die
Mittelbarkeit des literarischen Diskurses und die Diskursabhängigkeit jeglicher
Wirklichkeitserfahrung. Die semantische Einheit Z. verhält sich, verglichen mit
anderen Elementen des A-Textes, als Superzeichen, Teil einer zweiten Realität. Z.
ist vorerstellt, also bereits Sprache und bedingt deshalb auch den Diskurs über
diese.[413]

---

[409] Lachmann 1990, S. 39, S. 57, S. 430, Zimmermann 1967, S. 187, Vgl. Plett 1985, S. 92.

[410] Vgl. Schulte-Middelich 1985, S. 225, Plett 1985, S. 19, Vgl. Genette 1993, S. 41, 43.

[411] Vgl. Lachmann 1990, S.63.

[412] Vgl. Schulte-Middelich 1985, S. 214, 230.

[413] Simon 1984, S. 1056.

Da die metatextuelle Funktion jedem intertextuellen Verweis auf einen oder mehrere Prätexte innewohnt, kann Intertextualität auch als Metatextualität gekennzeichnet werden. Bei der Bestimmung der metatextuellen Funktion müssen daher nicht verschiedene Funktionstypen, sondern lediglich die Grade textueller Selbstreflexion differenziert werden. Eine solche Skala der Metatextualität reicht von der einfachen arkierung eines fremden Textelements als Text im Text bis hin zur exzessiven Ausschöpfung intertextueller Verfahren im postmodernen Roman.[414]

4.3.5 Intertextuelle Intensitäten

Auf Pfister geht der Vorschlag zurück, den Verweis eines Textes auf einen anderen nicht hinsichtlich seiner texinternen/textexternen Funktion, sondern hinsichtlich der Intensität des intertextuellen Bezugs zu klassifizieren. Dazu nennt Pfister sechs qualitative Kriterien:

(1) Referentialität. Das Text-Text-Verhältnis ist umso intensiver intertextuell, je mehr der der referierende Text seinen Prätext thematisiert, kommentiert oder interpretiert.[415] Als späterer Text spricht der referierende Text damit über den früheren und verwirklicht eine Form der „textuellen Transzendenz", die Genette auch als „Metatextualität" bezeichnet.[416]

(2) Kommunikativität. Dieses zweite Kriterium reflektiert die Deutlichkeit der interlektuellen Markierung. Gemäß dem Begriff der Markierung bei Broich und Pfister verweist die Prägnanz des Referenzsignals auf den Grad der Bewußtheit und Intentionalität des intertextuellen Bezugs im Rahmen der Autor-Leser-Kommunikation. „Als Prätexte kommen dann vor allem die kanonisierten Texte der Weltliteratur in Frage bzw. gerade aktuell und breit rezipierte und diskutierte Text."[417]

(3) Autoreflektivität. Die perspektivische und deutlich markierte Referenz auf einen fremden Text nimmt an Intensität zu, je stärker die intertextuellen Bezüge im Text selbst zum Thema gemacht werden. Das dritte Krite-

---

[414] Vgl. Lindner 1985, S. 130.
[415] Pfister 1985b, S. 26.
[416] Genette 1993, S. 13f., Pfister 1985b, S. 27, Vgl. Pfister 1985b, S. 27.
[417] Pfister 1985b, S. 28

rium rekurriert auf die Funktion der textuellen Selbstreflexion, die gerade in modernen und postmoderen Texten radikalisiert wird um als „Metakommunikation" (Watzlawick) einen Diskurs über den literarischen Diskurs selbst anzustrengen.[418]

(4) Strukturalität. Mit Hilfe des vierten Kriteriums erfragt Pfister die syntagmatische Einbettung der Marker in den referierenden Text. Ein Text-Text-Bezug, bei dem der Prätext nur anzitiert, d. h. eine Elementen-Repräsentation punktuell und einmalig bleibt, weist einen geringen Grad an Intertextualität auf Die Intensität der Textrelation steigt jedoch, sobald der Prätext im Sinne von Genettes zur „strukturellen Folie" des gesamten Textes wird.

(5) Selektivität. Gemessen wird hier die Pointierung und Prägnanz der perspektiischen Beziehung des Markers zum Referenztext. Wie deutlich wird ein bestimmtes Prätextelement durch die intertextuelle Markierung aus seinem Kotext isoliert? Wie hoch ist der Grad der Exklusivität bzw. Inklusivität des Prätextelements? Unter dem Gesichtspunkt der Selektivität gehört Einzeltextreferenzen stets der Vorzug vor Systemreferenzen, weil die intertextuelle Referenz bei letzteren weniger stark fokussierbar ist.[419]

(6) Dialogizität. Auf Bachtin und dessen Analyse des verbal-ideologischen Spannungsverhältnisses zwischen zwei Äußerungen verweist das letzte der qualitativen Kriterien. Pfister umschreibt damit Referenzen gegen den Strich, ironische Brechungen kanonisierter Texte, wie sie z. B. die Kontrafaktur und die Kontradiktio betreiben.[420] Da es sich dabei um semantische Kontrastierungen handelt, spricht Schmid auch von „Intersemantizität".[421] Jenny geht soweit, nur Text-Text-Bezüge als intertextuelle Strukturen gelten zu lassen, bei denen der referierende Text zum Prätext in einem Verhältnis der Transformation, Negation oder des Widerspruchs steht. Reine Bildungszitate, die nach Pfisters Skalierung von verminderter intertextueller Intensität sind, zählen für Jenny nicht zum Bereich der Intertextualität:

---

[418] Vgl. Ahlers 1992, S.61f. und S. 199f. Vgl. Pfister 1985b, S. 28.

[419] Vgl. Pfister 1985b, S. 28f.

[420] Vgl. Verweyen/Witting, 1987, S. 213f.

[421] Vgl. Schmid 1983, S. 144.

„Contrary to what Kristeva says, intertextuality in the strict sense is not unrelated to source criticism: it designates not a confused, mysterious accumulation of influences, but the work of transformation and assimilation of various texts that is accomplished by a focal text which keeps control over the meaning".[422]

Diese sechs qualitativen Charakteristika für hochgradig intertextuelle Bezüge müssen mit den quantativen Kriterien der Anzahl und der Dichte korreliert werden. Der Faktor Anzahl beschreibt dabei die Streubreite der ins intertextuelle Verweisspiel eingebrachten Prätexte, Prätextelemente und -strukturen, der Faktor Dichte die Häufigkeit der intertextuellen Bezüge auf einen Prätext.[423] Prinzipiell stellt Pfisters Skalierung der Intertextualität eine gute Ausgangsbasis für die Bewertung intertextueller Bezugnahmen dar, die eine projektierte Semiotik der Intertextualität sinnvoll ergänzt. Nicht zuletzt deshalb hat sie in der Forschungsliteratur auch breite Aufnahme gefunden, wenn auch keine der diesem Analysekonzept folgenden Textuntersuchungen eine dezidierte Bewertung einzelner intertextueller Textsegmente nach dieser Skala vornimmt. Vielmehr wird dieser Entwurf dazu genutzt Texte oder Autoren zu klassifizieren.[424]

Die Skalierung der Intertextualität zeigt, dass Pfister Intertextualität in hohem Maße mit Dialogizität im Sinne eines semantischen Spannungsverhältnisses zwischen Text und Prätext identifiziert. Die Kriterien Referentialität, Autoreflexivität, Selektivität und natürlich Dialogizität selbst berücksichtigen alle eine perspektivische Beziehung des referierenden Textes zum Prätext, im Rahmen derer sich der Text soweit vom Prätext distanziert, dass er diesen kommentieren oder über diesen reflektieren kann.

Die Konzentration auf derartig dekonstruktive oder metakommunikative Referenzen ist sicherlich wichtig, um die spezifische Dialektik zwischen Sinnkomplexion und Sinndiffusion der Intertextualität beschreibbar zu machen. Der beständige Nachweis eines semantischen Konflikts zwischen Text und Prätext ist jedoch zu stark einer poststrukturalistischen Ästhetik verpflichtet, die in immer neuen Varianten das Axiom beschwört, dass der Text mit seiner Tradition spielt.[425]

Der Rekurs auf relativistische Tendenzen im literarischen Kunstwerk berücksichtigt nicht den historischen Stellenwert der Intertextualität und führt dazu, dass „die Kategorie der Postmoderne bald bei Homer angelangt sein [wird]".[426]

---

[422] Jenny 1982, S. 39f.

[423] Vgl. Pfister 1985b, S. 30.

[424] Pfister 1985b, S. 25.

[425] Vgl. Lachmann 1990, S. 57.

[426] Eco 1987, S. 77.

Keineswegs soll von dem Bachtin'schen Diktum abgerückt werden, dass das fremde Wort in der eigenen Rede stets seine Bedeutungsposition mittransportiert und dadurch den Stellenwert des eigenen Horizontes relativiert. Das semantische Spannungsverhältnis zwischen eigener und fremder Rede kann jedoch zwischen einem untilgbaren Konflikt und einer bestätigenden Anrufung fremder Autoritäten[427] variieren.

Eine Überbetonung des semantischen Differenzverhältnisses intertextueller Verweisstrukturen vernachlässigt daher die Aufgaben der Textspeicherung und Traditionssicherung und wertet somit die affirmative Funktion von Intertextualität ab, indem sie entsprechende Textreferenz als vermindert intensiv intertextuell klassifiziert. Diese perspektivische Verzerrung gilt es zu beachten, wenn mit Hilfe dieser Skala intertextueller Intensitäten konkrete Text-Text-Bezüge beurteilt werden sollen.

4.3.6 Zwischenbilanz III: Das Projekt einer Semiotik der Intertextualität

Das im Rahmen der texttheoretischen Perspektive der Intertextualität verfolgte Projekt einer Semiotik der Intertextualität versucht erstmalig im Bereich der deutschen Literaturwissenschaft, das Phänomen der Referenz eines literarischen Textes auf einen anderen Text (eine Textklasse oder Schreibweise) in seiner syntaktisch-semantischen Dimension darzustellen. In diesem Sinne stellt das hier in Auseinandersetzung mit der Forschungsliteratur entwickelte Begriffs- und Deskriptionsinstrumentarium einer Semiotik der Intertextualität eine konsistente Methode zur Analyse konkreter Text-Text-Relationen dar.

Vorbedingung für eine syntaktische Beschreibung der Intertextualität ist die Sondierung der Text-Text-Bezüge von anderen Bezugsfeldern des Textes. Erst durch die Unterscheidung der Intertextualität von der Extra-, Para- und Intratextualität sowie Intermedialität wird Intertextualität als Referenz eines Textes auf einen oder mehrere andere Texte, eine Textklasse oder Konvention desselben Mediums definierbar. Eine solche Bestimmun erlaubt es die Konstituenten der Intertextualitä benennen, die bei einer Strukturbeschreibung zu berücksichtigen sind: referierender Text und Referenztext als die beiden textuellen Größen, die zueinander in Beziehung gesetzt werden; der Marker als das Textzeichen, das sowohl einem Zeichenzusammenhang des referierenden Textes angehört als auch ein Äquivalent im gleichen Zusammenhang des Referenztextes besitzt, und somit die Interferenz beider Texte

---

427 Vgl. Bachtin 1979c, S. 229f.

initiiert; und der Intertext als die Textbeziehung, auf die referierender Text und Referenztext hin lesbar werden.

Das Verhältnis dieser vier Größen zueinander bestimmt die spezifischen Referenzstrukturen der Intertextualität, die auch als Kernstück der syntaktischen Beschreibung betrachtet werden können. Einzeltext- oder Systemreferenz umschreiben die Arten des Prätextbezuges, Elemente- oder Struktur-Repräsentation die Anzahl und Anordnung der intertextuellen Referenzsignale im referierenden Text. Je nach Verteilung der einzelnen Referenzstrukturen im Text sowie nach Quantität der übernommenen Prätexte (Prätextelemente und -strukturen) bilden diese Referenz-Strukturen komplexe Referenzstrukturmuster aus, mit deren Hilfe auch die historischen Formen für Text-Text-Relationen (Zitat, Parodie, Pastiche, Cento usw.) strukturell beschreibbar werden.

Ergebnis der syntaktischen Beschreibung von Text-Text-Bezügen ist ein Strukturmodell der Intertextualität. Als stark schematisiertes, heuristisches Konstrukt versucht es, die Bezugsstrukturen der Intertextualität graphisch darzustellen und durch Ersetzung der Variablen durch konkrete Textkonstituenten die annäherungsweise Abbildung tatsächlicher Textrelationen zu ermöglichen. Nur skizziert werden können z.B. die vertikalen Kontextsyteme, die sich beim Bezug auf einen Referenztext stets miteröffnen, da dieser ebenfalls in inter- und extratextuelle Verweissysteme eingeflochten ist.

Die Semantik der Text-Text-Relationen lässt sich mit Hilfe der Funktionen und Intensitäten der Intertextualität beschreiben. Je nach Funktionsebene kann das intertextuelle Zeichen dabei eine Bedeutung für den intratextuellen Kotext, für die Textbeziehung als solcher bzw. für die Perspektivierung des Prätextes und/oder für die Kommunikation über die intertextuelle Textkonstitution selbst innehaben. Die Bestimmung der Intensität intertextueller Textbezüge liefert darüber hinaus Maßstäbe für die Bewertung der Komplexität intertextueller Sinnkonstitution.

Im folgenden Kapitel soll auf der Basis dieser methodischen Vorarbeiten ein Fragenkatalog zur Analyse intertextuell organisierter Textstellen an einem konkreten Textbeispiel vorgestellt und exemplifiziert werden. Dieser Fragenkatalog soll es ermöglichen, ein als intertextuell erkanntes Textsegment als Schaltstelle zwischen referierendem Text und Prätext zu beschreiben. Dazu muss die Analyse stets zwischen Text und Prätext hin- und herschalten, um z. B. die kotextuelle Einbettung und textimmanente Bedeutung des Markers der Integration des markierten Textelements im Prätext gegenüberzustellen.

Die Quantität und Modifikation des Markers im Vergleich zu seinem Pendant im Referenztext muss dabei ebenso bestimmt werden, wie die Lokalisierung des Referenzsignals auf einer der Textebenen des referierenden Textes und die perspektivische Beziehung zum jeweiligen Prätext. Auf der Grundlage der dezidierten Deskription von intertextuell organisiertem Textsegment und Marker im Sinne der von Plett geforderten „Grammatik der Intertextualität"[428] kann dann die Verteilung und die Frequenz der Referenzsignale im referierenden Text im Verhältnis zur Anzahl und Art der zitierten Texte untersucht werden. Die so gewonnenen Ergebnisse über die Struktur der Text-Text-Relation geben Aufschluss über das komplexe Referenzstrukturmuster des referierenden Textes und erlauben die Bestimmung des Textes (des Textsegmentes) als Zitat, Parodie, Pastiche etc.

Die Modi der Textreferenzen geben erste Impluse zur Klärung des Funktionstypus des intertextuell organisierten Textes. Während die ersten drei Schritte hauptsächlich der Beschreibung und Analyse intertextueller Textsegmente dienen, werden durch die Bestimmung der Funktion der Text-Text-Relation auf den verschiedenen Funktionensebenen Aussagen über die Bedeutung der Intertextualität im jeweiligen Text und für den entsprechenden Referenztext möglich. Obwohl bereits die syntaktische Analyse der Textelemente Vorannahmen und Deutungshypothesen über Struktur und Funktionsweise intertextueller Textreferenzen impliziert, stellt die Bestimmung der Funktionstypen einen ersten, ausgewiesenen Interpretationsansatz dar. Die Reziprozität der Textbeziehung wird dabei insofern berücksichtigt, als dass die Sinnkomplexionsprozesse der Intertextualität sowohl für den referierenden Text als auch für den Referenztext beschrieben werden.

Durch den Verweis des Textes auf eine Textstelle des Prätextes wird diese nicht nur isoliert und damit einer gesonderten Neu-Interpretation zugänglich gemacht, sondern durch die intertextuelle Funktion des Textbezugs verschiebt sich auch die kanonisierte Bedeutung des Prätextes. Dieses theoretische Postulat ist im Folgenden anhand eines exemplarischen Textsegments nachzuweisen.

Mit geringen Abweichungen in seinen zwischen 1985 und 1991 veröffentlichten Aufsätzen zur Zitatanalyse baut sich Pletts' Grammatik der Intertextualität wie folgt auf:

(1) Beschreibung der Strukturelemente
(2) Bestimmung der Referenzstrukturen (Elementen- und/oder Struktur-Repräsentation)
(3) Bestimmung der Quantität der zitierten Einheiten
(4) Bestimmung der Modifikation auf der formalen und inhaltlichen Ebene
(5) Beschreibung der Verteilung der Zitate im Text
(6) Beschreibung der Frequenz der Zitate und der Anzahl der zitierten Texte
(7) Bestimmung der Interferenz zwischen Text und Prätext
(8) Bestimmung der Markierung (explizit/implizit)

---

[428] Plett 1985, S. 8f. und dies. 1988, S. 3f.

Abgesehen davon, dass Plett das Zitat im Sinne eines improprie-Segmentes untersucht, das ein hypothetisches proprie-Segment des ursprünglichen Textzusammenhangs ersetzt, ist auch der Aufbau seiner Analyse problematisch. Schritt 2 (Bestimmung der Referenzstruktur) setzt einheitlich Schritt 6 (Bestimmung der Frequenz der Zitate und Anzahl der Prätexte) voraus. Schritt 7 (Bestimmung der Interferenz zwischen Text und Prätext), den Plett am Beispiel des Codewechsels illustriert[429], gehört zur Beschreibung der Markierung 9 der Marker 8 dazu. Die Markierung müsste mit der Modifikation des Zitats in Beziehung gesetzt werden (Schritt 4 und 8) sowie die Quantität der Zitate mit ihrer Frequenz (Schritt 3 und 6).

Obwohl Plett im Rahmen der deutschen Forschung zur Intertextualität der erste war, der eine strukturelle Beschreibung intertextuell organisierter Textsegmente versucht hat, hat seine Grammatik der Intertextualität für das folgende Kapitel aufgrund der methodischen Schwächen nur heuristischen Wert.

Ergänzt wird die Bestimmung der Funktionstypen durch die Bewertung der Intensität der vorliegenden Text-Text-Relation, die versucht, das spezifische (ideologisch-semantische, räumlich-zeitliche) Spannungsverhältnis zwischen Text und Prätext zu beschreiben. Eine Beurteilung des Stellenwertes des markierten Prätextelements im Zusammenhang des Prätextes ist dabei ebenso von Bedeutung wie Daten der Do Poststrukturalistische kumente zur Rezeptions- und Wirkungsgeschichte des Prätextes (vertikales Kontextsystem).

Beide Interpretationsschritte (Bestimmung von Funktion und Intensität) verkomplizieren sich, je mehr Prätexte, Gattungstraditionen oder Prätexte zweiter Ordnung ein Text aufruft. Die hier nur ansatzweise projektierte Grammatik sowie Interpretation der Intertextualität zeigt jedoch bereits, dass eine dezidierte Intertextualitätsanalyse sich mit die Untersuchung kleinerer Texteinheiten bzw. ausgewählter Textreferenzen bescheiden muss. Bei einer solchen Mikroanalyse kann sie ihre Aussagekraft entfalten und die spezifischen Referenzstrukturen sowie Bedeutungskomplexionen und -divergenzen der Intertextualität aufzeigen. Eine Makroanalyse des gesamten Prätextapparates eines Romans bzw. mehrerer Romane einer Epoche oder Gattung ist von einem Literaturwissenschaftler nicht mehr zu leisten und beschäftigt - wie im Falle Arno Schmidts größere „Auslegungs-Syndikate". Eine noch zu schreibene Geschichte der Intertextualität, wie Pfister oder Plett sie sich wünschen, bedarf daher extremerer Anstrengungen als einiger exemplarischer historischer Fallstudien.[430]

---

[429] Vgl. Plett 1985, S. 11.
[430] Vgl. Plett 1985, S. 19, Pfister 1985b, S. 30.

Literaturverzeichnis

Adelsbach, E. (1990). Bobrowskis Widmungstexte an Dichter und Künstler des 18. Jahrhunderts. Dialogizität und Intertextualität. Dissertation. Saarbrücker Beiträge zur Literaturwissenschaft, Bd. 19. St. Ingbert.

Adorno, Th. W. (1974). Zum Gedächtnis Eichendorffs. In: Adorno, Th. W.: Noten zur Literatur. Hrsg. von Tiedemann, R. Gesammelte Schriften in 20 Bänden, Bd. 11. Frankfurt/M., S. 69-94.

Ahlers, M. (1992). Die Stimme des Menelaos. Intertextualität und Metakommunikation in Texten der Metafiction. Dissertation. Epistemata. Würzburger wissenschaftliche Schriften. Reihe Literaturwissenschaft, Bd. 83. Würzburg.

Alenyn, R. (1971). Anatomie des Kriminalromans. In: Vogt, J. (Hrsg.). Der Kriminalroman. Zur Theorie und Geschichte einer Gattung. Bd. 2. Reihe Uni- Taschenbücher. München, S. 372-404.

Alewyn, R. (1971). Die Anfänge des Detektivromans. In: Zmegac, V. (Hrsg.): Der wohltemperierte Mord. Zur Theorie und Geschichte des Detektivromans. Frankfurt/M., S. 185-202.

Assmann, J. (1988). Kollektives Gedächtnis und kulturelle Identität. In: Assmann, J. & Hölscher, T. (Hrsg.). Kultur und Gedächtnis. Frankfurt/M., S. 9-19.

Assmann, J. (1992). Das kollektive Gedächtnis. Schrift, Erinnerung und politische Identität in frühen Hochkulturen. München, S. 34-48.

Assmann, J. (1991): Die Katastrophe des Vergessens. Das Deuteronomium als Paradigma kultureller Mnemotechnik. In: Aleida Assmann, Dietrich Harth (Hrsg.): Mnemosyne. Formen und Funktionen der kulturellen Erinnerung. Frankfurt/M., S. 337-355.

Assmann, A. / Assmann, J. (1994): Das Gestern im Heute. Medien und soziales Gedächtnis. In: Funkkolleg Medien und Kommunikation. Die Konstruktion von Wirklichkeit. Studienbrief 5. Wiesbaden, S. 41-82.

Bachtin, M. M. (1969): Epos und Roman. Zur Methodologie der Erforschung des Romans. In: Arbeitsgruppe Sowjetische Gegenwartsliteratur (Hrsg.): Konturen und

Perspektiven. Zum Menschenbild in der Gegenwartsliteratur der Sowjetunion und der DDR. Berlin, S. 191-222.

Bachtin, M. M. (1989): Formen der Zeit im Roman. Untersuchungen zur historischen Poetik. Hrsg. von Edward Kowalski und Michael Wegner. Frankfurt/M.

Bachtin, M. M. (1990c): Grundzüge der Lachkultur. In: Ders.: Literatur und Karneval. Frankfurt/M., S. 32-46.

Bachtin, M. M. (1990a): Der Held im polyphonen Roman. In: Ders.: Literatur und Karneval. Frankfurt/M., S. 86-100.

Bachtin, M. M. (1990b): Der Karneval und die Karnevalisierung der Literatur. In: Ders.: Literatur und Karneval. Frankfurt/M., S. 47-60.

Bachtin, M. M. (1990d): Karnevalistisches bei Dostojewski. In: Ders.: Literatur und Kameval. Frankfurt/M., S. 61-85.

Bachtin, M. M. (1974): Die Kunst des Wortes und das Lachen des Volkes bei Gogol. In: Kunst und Literatur. Sowjetwissenschaft. Zeitschrift zur Verbreitung sowjetischer Erfahrungen, Bd. 22, Heft 3, S. 296-303.

Bachtin, M. M. (1978): Das Problem des Autors. In: Kunst und Literatur. Sowjetwissenschaft. Zeitschrift zur Verbreitung sowjetischer Erfahrungen. Bd. 26, Heft 3, S. 265-279.

Bachtin, M. M. (1979c): Die Ästhetik des Wortes. Hrsg. und eingeleitet von Rainer Grübel. Frankfurt/M.

Bachtin, M. M. (1979b): Das Problem von Inhalt, Material und Form im Wortkunstschaffen. In: Ders.: Die Ästhetik des Wortes. Frankfurt/M., S. 95-153.

Bachtin, M. M. (1971): Probleme der Poetik Dostojevskijs. München.

Bachtin, M. M. (1987): Rabelais und seine Welt. Volkskultur als Gegenkultur. Hrsg. und mit einem Vorwort versehen von Renate Lachmann. Frankfurt/M.

Bachtin, M. M. (1990e): Typen des Prosawortes. In: Ders.: Literatur und Karneval. Zur Romantheorie und Lachkultur. Frankfurt/M., S. 107-131.

Bachtin, M. M (1979a): Aus der Vorgeschichte des Romanwortes. In: Ders.: Die Ästhetik des Wortes. Hrsg. und eingeleitet von Rainer Grübel. Frankfurt/M., S. 301-337.

Bachtin, M. M. (1979c): Das Wort im Roman. In: Ders.: Die Ästhetik des Wortes. Hrsg. und eingeleitet von Rainer Grübel. Frankfurt/M., S. 154-300.

Barth, J. (1987): Literatur der Erschöpfung. In: Schreibheft. Zeitschrift für Literatur. Nr. 29, S. 82-88.

Barthes, R. (1977b): The Death of the Author. In: Ders.: Image - Music - Text. Essays selected and translated by Stephen Heath. London, S. 142-148.

Barthes, R. (1979): Elemente der Semiologie. Frankfurt/M.

Barthes, R. (1984): Die Lust am Text. Frankfurt/M.

Barthes, R. (1964): Mythen des Alltags. Frankfurt/M.

Barthes, R. (1959): Am Nullpunkt der Literatur. In: Ders.: Am Nullpunkt der Literatur. Objektive Literatur. Zwei Essays. Hamburg, S. 7-81.

Barthes, R. (1987): S/Z. Frankfurt/M.

Barthes, R. (1978): Über mich selbst. München.

Barthes, R. (1977a): From Work to Text. In: Ders.: Image - Music - Text. Essays selected and translated by Stephen Heath. London, S. 155-164.

de Beaugrande, R.-A., Dressler, W. (1981): Einführung in die Textlinguistik. Konzepte der Sprach- und Literaturwissenschaft, Bd. 28. Tübingen.

Zu Begriff und Geschichte des Motivs „Gelebte Literatur in der Literatur" (1986). Gemeinsames Vorwort der Beiträger. Entwurf und Schlussfassung von Theodor Wolpers. In: Theodor Wolpers (Hrsg.): Gelebte Literatur in der Literatur. Studien zu Erscheinungsformen und Geschichte eines literarischen Motivs. Bericht über Kolloquien der Kommission für literaturwissenschaftliche Motiv- und Themenforschung 1983-1985. Abhandlungen der Akademie der Wissenschaften in Göttingen. Philologisch-Historisches Klasse, dritte Folge, Bd. 152. Göttingen, S. 729.

Behler, E., Hörisch, J. (Hrsg.; 1987): Die Aktualität der Frühromantik. Paderborn.

Ben-Porat, Z. (1976): The Poetics of Literary Allusion. In: PTL: A Journal for Descriptive Poetics and Theory of Literature, Vol. 1, S. 105-128.

Benstock, S. (1983): At the Margin of Discourse: Footnotes in the Fictional Text. In: PMLA. Publications of the Modern Language Association of America, Vol. 98, No. 1, S. 204-225.

Beyer, R. (1975): Untersuchungen zum Zitatgebrauch in der deutschen Lyrik nach 1945. Dissertation. Göttingen.

Blamberger, G. (1991): Das Geheimnis des Schöpferischen oder: Ingenium est ineffabile? Studien zur Literaturgeschichte der Kreativität zwischen Goethezeit und Moderne. Stuttgart.

Bloom, H. (1973): The Anxiety of Influence. A Theory of Poetry. Oxford.

Bloom, H: (1975): A Map of Misreading. New York.

Böckmann, P. (1963): Deutsche Lyrik im 19. Jahrhundert. In: Hans Steffen (Hrsg.): Formkräfte der deutschen Dichtung vom Barock bis zur Gegenwart. Vorträge, gehalten im Deutschen Haus, Paris 1961/1962. Göttingen, S. 165-186.

Bohrer, K.-H. (1983): Die Ästhetik des Schreckens. Frankfurt/M.

Bollacher, M. (1983): Wackenroder und die Kunstauffassung der frühen Romantik. Erträge der Forschung, Bd. 202. Darmstadt.

Broich, U. (1985a): Zur Einzeltextreferenz. In: Broich, Pfister, S. 48-52.

Broich, U: (1985b): Formen der Markierung von Intertextualität. In: Broich, Pfister, 1985, S. 31-49.

Broich, U., Pfister, M. (Hrsg.; 1985): Intertextualität. Formen, Funktionen, anglistische Fallstudien. Konzepte der Sprach- und Literaturwissenschaft, Bd. 35. Tübingen.

Brütting, R. (1976): „Ecriture" und „texte". Die französische Literaturwissenschaft nach dem Strukturalismus. Kritik traditioneller Positionen und Neuansätze. Abhandlungen zur Kunst-, Musik- und Literaturwissenschaft, Bd. 213. Bonn.

Champagne, R. A. (1978): The Writer within the Intertext. In: Jeanine Parisier-Plottel, Hanna Charney (Hrsg.): Intertextuality. New Perspectives in Critism. New York, Literary Forum, Vol. 2, S. 129-137.

Clark, K., Holquist, M. (1984): Mikhail Bakhtin. Cambridge.

Clayton, J., Rothenstein, E. (1991): Figures in the Corpus: Theories of Influence and Intertextuality. In: Dies. (Hrsg.): Influence and Intertextuality in Literary History. Madison, S. 3-36.

Conrad, H. (1974): Die literarische Angst. Das Schreckliche in Schauerromantik und Detektivgeschichte. Dissertation. Düsseldorf.

Conrady, K. O. (Hrsg.; 1987): Das Buch der Gedichte. Deutsche Lyrik von den Anfängen bis zur Gegenwart. Frankfurt/M.

Conrady, K. O. (1966): Moderne Lyrik und die Tradition. In: Reinhold Grimm (Hrsg.): Zur Lyrik-Diskussion. Wege der Forschung, Bd. 61. Darmstadt, S. 411-435.

Culler, J. (1976): Presupposition and Intertextuality. In: MLN. Modern Language Notes, Vol. 91, S. 1380-1396.

Daniel, U. (1993): „Kultur" und „Gesellschaft". Überlegungen zum Gegenstandsbereich der Sozialgeschichte. In: Geschichte und Gesellschaft. Zeitschrift für Historische Sozialwissenschaft, 19. Jg., Heft 1, S. 69-99.

Danouv, D. K. (1991): The Thought of Mikhail Bakhtin. From Word to Culture. Houndmill.

Deleuze, G., Guattari, F. (1977): Rhizom. Berlin.

de Man, P. (1983): Dialogue and Dialogism. In: Poetics Today. Theory & Analysis of Literature & Communication, Vol. 4, S. 99-107.

de Man, P. (1979): Rhetorik der Tropen. In: Ders.: Allegorien des Lesens. Frankfurt/M., S. 146-163.

de Man, P. (1988): Semiologie und Rhetorik. In: Ders.: Allegorien des Lesens. Frankfurt/M., S. 31-51.

Derrida, J. (1988): Die differance. In: Ders.: Randgänge der Philosophie. Hrsg. von Peter Engelmann. Wien, S. 29-52.

Domiti, H. (Hrsg.; 1969): Doppelinterpretationen. Das zeitgenössische Gedicht zwischen Autor und Leser. Frankfurt/M.

Drews, A., Gerhard, U., Link, J. (1985): Moderne Kollektivsymbolik. Eine diskurstheoretisch orientierte Einführung mit Auswahlbibliographie. In: Internationales Archiv für Sozialgeschichte der deutschen Literatur. 1. Sonderheft: Forschungsreferate, S. 256-375.

Dreyfuß, H. L., Rabinow, P. (1987): Michel Foucault. Jenseits von Strukturalismus und Hermeneutik. Mit einem Nachwort von und einem Interview mit Michel Foucault. Frankfurt/M.

Ecleton, T. (1992) : Einführung in die Literaturtheorie. 2. Aufl. Sammlung Metzler, Bd.246. Stuttgart.

Eco, U. (1987): Nachschrift zum „Namen der Rose". 8. Aufl. München.

Eco, U. (1972): Einführung in die Semiotik. München.

Eco, U. (1987): Lector in fabula. Die Mitarbeit der Interpretation in erzählenden Texten. München.

Eco, U. (1987): Serialität im Universum der Kunst und der Massenmedien. In: Ders.: Streit der Interpretationen. Konstanzer Bibliothek, Bd. 8. Konstanz, S. 49-65.

Ellis, J. M. (1969): E. T. A. Hoffmann's „Das Fräulein von Scuderi". In: The Modern Language Review, Vol. 64, S. 340-350.

Ette, O. (1985): Intertextualität. Ein Forschungsbericht mit literatursoziologischen Anmerkungen. In: Romanistische Zeitschrift für Literaturgeschichte Bd. 9, S. 497-523.

Federman, R. (1976): Imagination as Plagiarism (an unfinished paper ...). In: New Literary History. A Journal for Theory and Interpretation. Vol. 7, No. 3, S. 563-578.

Feldges, B., Stadler, U. (1986): E. T. A. Hoffmann. Epoche - Werk - Wirkung. Mit je einem Beitrag von Ernst Lichtenhahn und Wolfgang Nehring. München.

Fink-Eitel, H. (1992): Foucault zur Einführung. 2. Aufl. Hamburg.

Fischer, M. (1985): Ein Stänkerer gegen die Deo-Zeit. Michael Fischer über Patrick Süskinds Erstlingsroman „Das Parfum". In: Der Spiegel 10, S. 237 und 240.

Fohrmann, J. (1988): Der Kommentar als diskursive Einheit der Wissenschaft. In: Ders., Harro Müller (Hrsg.): Diskurstheorien und Literaturwissenschaft. Frankfurt/M., S. 244-257.

Fohrmann, J., Müller, H. (1988): Einleitung. Diskurstheorien und Literaturwissenschaft. In: Dies. (Hrsg.): Diskurstheorien und Literaturwissenschaft. Frankfurt/M., S. 9-22.

Foucault, M. (1992): Archäologie des Wissens. 5. Aufl. Frankfurt/M.

Foucault, M. (1974): Was ist ein Autor? In: Ders.: Schriften zur Literatur. München, S. 7-31.

Fotis, J., Martinez, M. und Winko, S. (Hrsg.,1991). Texte zur Theorie der Autorschaft. Stuttgart.

Foucault, M. (1993): Das unendliche Sprechen. In: Ders.: Schriften zur Literatur. Frankfurt/M., S. 90-103.

Foucault, M. (1990): Funktionen der Literatur. Ein Interview mit Michel Foucault. In: Eva Erdmann, Rainer Forst, Axel Honneth (Hrsg.): Ethos der Moderne. Foucaults Kritik der Aufklärung. Frankfurt/M., S. 229-234.

Frank, M. (1993): Was ist Neostrukturalismus? 2. Aufl. Frankfurt/M.

Frank, M. (1982): Textauslegung. In: Dietrich Harth, Peter Gebhardt (Hrsg.): Erkenntnis der Literatur. Theorien, Konzepte, Methoden der Literaturwissenschaft. Stuttgart, S. 123-160.

Frey, H.-J. (1990): Der unendliche Text. Frankfurt/M.

Freund, W. (1981): Die literarische Parodie. Stuttgart.

Fritsch, G. (1978): Das deutsche Naturgedicht. Der fiktionale Text im Kommunikationsprozess. Zur Praxis des Deutschunterrichts, Bd. 11. Stuttgart.

Frühwald, W. (1987): Die Erneuerung des Mythos. Zu Eichendorffs Gedicht Mondnacht. In: Wulf Segebrecht (Hrsg.): Gedichte und Interpretationen. Bd. 3: Klassik und Romantik. Stuttgart, S. 395-407.

Füger, W. (1989): Intertextualia Orwelliana. Untersuchungen zur Theorie und Praxis der Markierung von Intertextualität. In: Poetica. Zeitschrift für Sprach- und Literaturwissenschaft, Bd. 21, S. 179-200.

Funkkolleg Medien und Kommunikation (1991). Die Konstruktion von Wirklichkeit. Studienbrief 5, Studieneinheit 11. Tübingen.

Gadamer, H.-G. (1990): Hermeneutik 1: Wahrheit und Methode. Grundzüge einer philosophischen Hermeneutik. 6. Aufl. Tübingen.

Gall, L. (1993): Auf dem Weg zu den Kulturwissenschaften. In: Forschung. Mitteilungen der Deutschen Forschungsgemeinschaft, Bd. 3, S. 3 und 15.

Geerth, K. (1978): Die Poetik des Sturm und Drang. In: Walter Hinck (Hrsg.): Sturm und Drang. Ein literaturwissenschaftliches Studienbuch. Athenäum Taschenbücher Literaturwissenschaft, Bd. 2133. Kronberg/Ts., S. 55-80.

Geertz, C. (1991): Dichte Beschreibung. Bemerkungen zu einer deutenden Theorie von Kultur. In: Ders.: Dichte Beschreibung. Beiträge zum Verstehen kultureller Systeme. 2. Aufl. Frankfurt/M., S. 7-43.

Geertz, C. (1992): Kulturbegriff und Menschenbild. In: Rebekka Habermas, Nils Minkmar (Hrsg.): Das Schwein des Häuptlings. Sechs Aufsätze zur Historischen Anthropologie. Berlin, S. 56-83.

Geier, M. (1985): Die Schrift und die Tradition. Studien zur Intertextualität. München.

Genette, G. (1993): Palimpseste. Die Literatur der zweiten Stufe. Frankfurt/M.

Genette, G. (1989): Paratexte. Frankfurt/M.

Genette, G. (1988): Structure and Functions of the Title in Literature. In: Critical Inquiry, Vol. 14, S. 692-720.

Gerhard, U. (1994): Schiller als „Refugion". Literarische Signaturen des XIX. Jahrhunderts. Dissertation. München.

Goebel, G. (1972): Funktionen des „Buches im Buche" in Werken zweier Repräsentanten des „Nouveau Roman". In: Eberhard Leube, Ludwig Schrader (Hrsg.): Interpretation und Vergleich. Berlin, S. 34-52.

Goetsch, P. (1983): Leserfiguren in der Erzählkunst. In: Germanisch-Romanische Monatsschrift, Bd. 33, S. 199-215.

Goodbody, A. (1984): Natursprache. Ein dichtungstheoretisches Konzept der Romantik und seine Wiederaufnahme in der modernen Naturlyrik. Kieler Studien zur deutschen Literaturgeschichte, Bd. 17. Neumünster.

Gorski, G. (1980): E. T. A. Hoffmann „Das Fräulein von Scuderi'. Stuttgarter Arbeiten zu Germanistik, Bd. 77. Stuttgart.

Greber, E. (1989): Intertextualität und Interpretierbarkeit des Textes. Zur frühen Prosa Boris Pasternaks. Dissertation. Theorie und Geschichte der Literatur und der schönen Künste. Texte und Abhandlungen, Bd. 60. Neue Folge, Reihe C: Ästhetik, Kunst und Literatur in der Geschichte der Neuzeit, Bd. 8. München.

Grivel, Ch. (1983): Serien textueller Perzeption. Eine Skizze. In: Schmid, Stempel 1983, S. 53-83.

Groddeck, W. (1993): „Und das Wort hab' ich vergessen." Intertextualität als Herausforderung und Grenzbestimmung philologischen Kommentierens, dargestellt an einem Gedicht von Heinrich Heine. In: Gunter Martens (Hrsg.): Kommentierungsverfahren und Kommentarformen. Hamburger Kolloquium der Arbeitsgemeinschaft für germanistische Edition. Beihefte zu editio, Bd. 5. Tübingen, S. 1-10.

Grübel, R. (1979): Zur Ästhetik des Wortes bei Michail M. Bachtin. In: Bachtin, S. 21-78.

Grübel, R. (1983): Die Geburt der Texte aus dem Tod der Texte. Strukturen und Funktionen der Intertextualität in Dostoevskijs Roman „Die Brüder Karamazov" im Lichte seines Mottos. In: Schmid, Stempel, S. 205-271.

Günther, H. (1981): Michail Bachtins Konzeption als Alternative zum Sozialistischen Realismus. In: Peter V. Zima (Hrsg.): Semiotics and Dialectics. Ideology and the Text. Linguistic and Literary Studies in Eastern Europe (LLSEE), Bd. 5. Amsterdam, S. 137-177.

Hakkarainen, M.-L. (1994): Das Turnier der Texte. Stellenwert und Funktion der Intertextualität im Werk Bertolt Brechts. Dissertation. Europäische Hochschulschriften, Reihe 1: Deutsche Sprache und Literatur, Bd. 1436, Frankfurt/M., 1994.

Halbwachs, M. (1991): Das kollektive Gedächtnis. Mit einem Geleitwort zur deutschen Ausgabe von Heinz Maus. Frankfurt/M., 1991.

Hallet, W. (1989): Das Genie als Mörder. Über Patrick Süskinds „Das Parfum". In: Literatur für Leser. Zeitschrift für Interpretationspraxis und geschichtliche Texterkenntnis, Bd. 3, S. 275-288.

Hamacher, W. (1988): Unlesbarkeit. In: Paul de Man: Allegorien des Lesens. Aus dem Amerikanischen von Werner Hamacher und Peter Krumme. Mit einer Einleitung von Werner Hamacher. Frankfurt/M., S. 7-26.

Hansen, K. P. (1993): Die Herausforderung der Landeskunde durch die moderne Kulturtheorie. In: Ders. (Hrsg.): Kulturbegriff und Methode. Der stille Paradigmenwechsel in den Geisteswissenschaften. Eine Passauer Ringvorlesung. Tübingen, S. 95-114.

Hansen-Löve, A. (1985): Intermedialität und Intertextualität. Probleme der Korrelation von Wort- und Bildkunst - Am Beispiel der russischen Moderne. In: Schmid, Stempel, 1985, S. 290-360.

Hansen-Löve, A. (1972): Karnevalisierung der Literatur. Zur Romantheorie Michail Bachtins. In: Wort und Wahrheit, Bd. 6, S. 522-531.

Harth, D., von Hofe, G. (1982): Unmaßgebliche Vorstellung einiger literaturtheoretischer Grundbegriffe. In: Dietrich Harth, Peter Gebhardt (Hrsg.): Erkenntnis der

Literatur. Theorien, Konzepte, Methoden der Literaturwissenschaft. Stuttgart, S. 8-32.

Harty, E. R. (1985): Text, Context, Intertext. In: Journal of Literary Studies, Vol. 1-2, S. 1-13.

Hassan, I. (1988): Postmoderne heute. In: Wolfgang Welsch (Hrsg.): Wege aus der Moderne. Schlüsseltexte der Postmoderne-Diskussion. Weinheim, S. 47-56.

Hausdörfer, S. (1987): Rebellion im Kunstschein. Die Funktion des fiktiven Künstlers in Roman und Kunsttheorie der deutschen Romantik. Reihe Siegen. Beiträge zur Literatur- und Sprachwissenschaft, Bd. 78. Heidelberg.

Hebel, U. J. (1991): Towards a Descriptive Poetics of Allusion. In: Plett, S. 135-164.

Hebel, U. J. (1989): Romaninterpretation als Textarchäologie. Untersuchungen am Beispiel von F. Scott Fitzgeralds This Side of Paradise. Mainzer Studien zur Amerikanistik, Bd. 23. Frankfurt/M.

Hebel, U. J. (1989): Intertextuality, Allusion, and Quotation. An International Bibliography of Critical Studies. Bibliographies and Indexes in World Literature, Vol. 18. New York.

Hempfer, K. W. (1976): Poststrukturale Texttheorie und narrative Praxis. Tel Quel und die Konstitution eines Nouveau Roman. Romanica Monacensia, Bd. 11. München.

Hempfer, K. W. (1983): Überlegungen zu einem Gültigkeitskriterium für Interpretationen und ein komplexer Fall: die italienische Ritterepik der Renaissance. In: Ders., Gerhard Regn (Hrsg.): Interpretation. Das Paradigma der europäischen Renaissance-Literatur. Wiesbaden, S. 1-31.

Herder Lexikon der Symbole (1990). Freiburg i.Br.

Hiebel, H. H. (1990): Strukturale Psychoanalyse und Literatur (Jacques Lacan). In: Klaus-Michael Bogdal (Hrsg.): Neue Literaturtheorien. Eine Einführung. Opladen, S. 56-81.

Himmel, H. (1954): Geschichte der deutschen Novelle von Goethe bis zur Gegenwart. Wiesbaden.

Himmel, H. (1976): Schuld und Sühne der Scuderi. Zu Hoffmanns Novelle. In: Helmut Prang (Hrsg.): E. T. A. Hoffmann. Wege der Forschung, Bd. 486. Darmstadt, S. 215-236.

Hoesterey, I. (1988): Verschlungene Schriftzeichen. Intertextualität von Literatur und Kunst in der Moderne/Postmoderne. Athenäums Monographien, Literaturwissenschaft, Bd. 92. Frankfurt/M.

Hoffmeister, G. (1990): Deutsche und europäische Romantik. 2., durchgesehene und erweiterte Aufl. Sammlung Metzler, Bd. 170. Stuttgart.

Holquist, M. (1990): Dialogism. Bakhtin and this World. London.

Holthuis, S. (1983): Intertextualität. Aspekte einer rezeptionsorientierten Konzeption. Dissertation. Tübingen.

Honer, A. (1989): Einige Probleme lebensweltlicher Ethnographie. Zur Methodologie und Methodik einer interpretativen Sozialforschung. In: Zeitschrift für Soziologie, 18. Jg., Heft 4, S. 297-312.

Iser, W. (1993): Die Appellstruktur der Texte. Unbestimmtheit als Wirkungsbedingung literarischer Prosa. In: Rainer Warning (Hrsg.): Rezeptionsästhetik. Theorie und Praxis. 4. Aufl. München, S. 228-252.

Iser, W. (1990): Der Akt des Lesens. Eine Theorie ästhetischer Wirkung. 3. Aufl. München.

Jacobson, M. R. (1992): Patrick Süskind's Das Parfum: A Postmodern Künstlerroman. In: The German Quarterly, Vol. 65, S. 201-211.

Japp, U. (1975): Das Buch im Buch. Eine Figur des literarischen Hermetismus. In: Neue Rundschau, Bd. 86, S. 651-670.

Japp, U. (1988): Der Ort des Autors in der Ordnung des Diskurses. In: Jürgen Fohrmann, Harro Müller (Hrsg.): Diskurstheorien und Literaturwissenschaft. Frankfurt/M, S. 223-234.

Jakobson, R. (1974): Zwei Seiten der Sprache und zwei Typen aphatischer Störungen. In: Ders.: Aufsätze zur Linguistik und Poetik. Hrsg. u. eingeleitet von Wolfgang Raible. sammlung dialog, Bd. 71. München, S. 117-141.

Jauß, H. R. (1974): Literaturgeschichte als Provokation. 5. Aufl. Frankfurt/M.

Jenny, L. (1982): The Strategy of Form. In: Tzvetan Todorov (Hrsg.): French literary theory today. A reader. Cambridge, S. 34-63.

Johnson, A. L. (1976): Allusion in Poetry. In: PTL: A Journal for Descriptive Poetics and Theory of Literature, Vol. 1, S. 579-587.

Josczok, D., Rasche, B. (1994): Mullverband, Chiffre oder Zauberstab? „Kulturwissenschaft": Kein anderes Wort wird an der akademischen Börse zur Zeit so hoch gehandelt. In: Frankfurter Rundschau, Nr. 124 vom 31. Mai 1994, S. 12.

Kahrmann, C., Reiß, G., Schluchter, M. (1986): Erzähltextanalyse. Eine Einführung. Mit Studien- und Übungstexten. Athenäum Taschenbücher Literaturwissenschaft, Bd. 2184. Königsstein/Ts.

Kaiser, G. (1987): Mutter Natur als Himmelsbraut. Joseph von Eichendorff. - „Mondnacht". In: Ders.: Augenblicke deutscher Lyrik. Gedichte von Martin Luther bis Paul Celan. Frankfurt/M., S. 178-192.

Kaiser, J. (1985): Viel Flottheit und Phantasie. Patrick Süskinds Geschichte eines Monsters. In: Süddeutsche Zeitung vom 28. März 1985. S. 20.

Kammler, C. (1992): Historische Diskursanalyse. Foucault und die Folgen. In: Helmut Brackert, Jörn Stückrath (Hrsg.): Literaturwissenschaft. Ein Grundkurs. Reinbek bei Hamburg, S. 630-639.

Kammler, C. (1990): Historische Diskursanalyse (Michel Foucault). In: Klaus-Michael Bogdal (Hrsg.): Neue Literaturtheorien. Eine Einführung. Opladen, S. 31-55.

Kammler, C. (1986): Michel Foucault. Eine kritische Analyse seines Werks. Dissertation. Studien zur französischen Philosophie des 20. Jahrhunderts, Bd. 12. Bonn.

Kanzog, K. (1976): E. T. A. Hoffmanns Erzählung „Das Fräulein von Scuderi" als Kriminalgeschichte. In: Helmut Prang (Hrsg.): E. T. A. Hoffmann. Wege der Forschung, Bd. 486. Darmstadt, S. 307-321.

Karbusicky, V. (1985): Intertextualität in der Musik. In: Schmid, Stempel, S. 361-398.

Karrer, W. (1977a): Intertextualität als Elemente- und Struktur-Reproduktion. In: Broich, Pfister, S. 98-116.

Karrer, W. (1977b): Parodie, Travestie, Pastiche. Information und Synthese, Bd. 6. München.

Karrer, W. (1991): Titles and Mottoes as Intertextual Devices. In: Plett, S. 122-134.

Kayser, W. (1948): Das sprachliche Kunstwerk. Eine Einführung in die Literaturwissenschaft. Bern.

Keller, W. (1966): Faust. Eine Tragödie. In: Walter Hinderer (Hrsg.): Goethes Dramen. Neue Interpretationen. Stuttgart, S. 244-280.

Kerinry, K. (1966): Die Mythologie der Griechen. Bd. 1: Die Götter- und Menschheitsgeschichten. München.

Kiefer, R. (1994): Kleists Erzählungen in der Literatur der Gegenwart. Ein Beitrag, zur Geschichte der Intertextualität am Beispiel von Texten A. Muschgs, E. L. Doctorows und E. Plessens. Saarbrücker Beiträge zur Literaturwissenschaft, Bd. 44. St. Ingbert.

Kimmerle, H. (1988): Derrida zur Einführung. Zur Einführung, Bd. 37. Hamburg.

Kittler, W. (1985): Der Turmbau zu Babel und das Schweigen der Sirenen. Über das Reden, das Schweigen, die Stimme und die Schrift in vier Texten von Franz Kafka. Erlangen.

Kleines Begriffslexikon (1986). In: kultuRRevolution. Zeitschrift für angewandte Diskursanalyse, Bd. 11, S. 70f.

Köhn, L. (1966): Vieldeutige Welt. Studien zur Struktur der Erzählungen E. T. A. Hoffmanns und zur Entwicklung seines Werkes. Studien zur deutschen Literatur, Bd. 6. Tübingen.

Kolkenbrock-Netz, J. (1988): Diskursanalyse und Narrativik. Voraussetzungen und Konsequenzen einer interdisziplinären Fragestellung. In: Jürgen Fohrmann, Harro Müller, H. (Hrsg.): Diskurstheorien und Literaturwissenschaft. Frankfurt/M., S. 261-283.

Konstantinovic, Z. (1982): Verwandlung im Wandel. Komparatistische Betrachtungen zur Kategorie der Dialogizität und Alterität. In: Lachmann, S. 168-184.

Kremer-Marietti, A. (1976): Michel Foucault. Der Archäologe des Wissens. Mit Texten von Michel Foucault. Frankfurt/M.

Kristeva, J. (1972): Bachtin, das Wort, der Dialog und der Roman. In: Jens Ihwe (Hrsg.): Literaturwissenschaft und Linguistik. Ergebnisse und Perspektiven. Bd. 3: Zur linguistischen Basis der Literaturwissenschaft. Ars poetica. Texte und Studien zur Dichtungslehre und Dichtkunst, Bd. 8. Frankfurt/M., S. 345-375.

Kristeva, J. (1978): Die Revolutionierung der poetischen Sprache. Frankfurt/M.

Kristeva, J. (1971): Probleme der Textstrukturation. In: Jens Ihwe (Hrsg.): Literaturwissenschaft und Linguistik. Ergebnisse und Perspektiven. Bd. 11/2: Zur linguistischen Basis der Literaturwissenschaft Ars poetica. Texte und Studien zur Dichtungslehre und Dichtkunst, Bd. 8. Frankfurt/M., S. 484-507.

Kristeva, J. (1972): Zu einer Semiologie der Paragramme. In: Helga Gallas (Hrsg.): Strukturalismus als interpretatives Verfahren. Darmstadt, S. 163-200.

Kristeva, J. (1977): Der geschlossene Text. In: Peter V. Zima (Hrsg.): Textsemiotik als Ideologiekritik. Frankfurt/M., S. 194-229.

Kunisch, H. (1966): Freiheit und Bann - Heimat und Fremde. In: Paul Stöcklein (Hrsg.): Eichendorff heute. Stimmen der Forschung mit einer Bibliographie. Darmstadt, S. 131-164.

Lachmann, R. (1984): Bachtins Dialogizität und die akmeistische Mythopoetik als Paradigma dialogisierter Lyrik. In: Karlheinz Stierle, Rainer Warning (Hrsg.): Das Gespräch. Poetik und Hermeneutik, Bd. 11. München, S. 489-515.

Lachmann, R. (Hrsg.; 1982): Dialogizität. Theorie und Geschichte der Literatur und der schönen Künste. Texte und Abhandlungen, Reihe A: Hermeneutik - Semiotik - Rhetorik, Bd. 1. München.

Lachmann, R. (1982): Dialogizität und poetische Sprache. In: Dies. (Hrsg.): Dialogizität. Theorie und Geschichte der Literatur und der schönen Künste. Texte und Abhandlungen. Reihe A: Hermeneutik - Semiotik - Rhetorik, Bd. 1. München, S. 51-62.

Lachmann, R. (1984): Ebenen des Intertextualitätsbegriffs. In: Karlheinz Stierle, Rainer Warning, (Hrsg.): Das Gespräch. Poetik und Hermeneutik, Bd. 11. München, S. 133-138.

Lachmann R. (1990): Gedächtnis und Literatur. Intertextualität in der russischen Moderne. Frankfurt/M.

Lachmann, R. (1983): Intertextualität als Sinnkonstitution. Andrei Belyjis „Petersburg" und die fremden Texte. In: Poetica, Bd. 15, Heft 1-2, S. 66-107.

Lachmann, R. (1984): Intertextuelle Strukturen in Vladimir Kazakovs ‚Osibka Zivych'- In: Johanna-Renate Döring-Smirnov, Peter Rehder, Wolf Schmid (Hrsg.): Text - Symbol - Weltmodell. München, S. 345-364.

Lachmann, R. (1990): Versöhnung von Leben und Tod im Lachen. Der russische Theoretiker Michail Bachtin (1895-1975) lässt die Stimme der Texte laut werden. In: Frankfurter Rundschau, Nr. 85 vom 10. April 1990.

Landvogt, R. (1990): Schrift und Schicksal. Zur Textualität und Intertextualität in Klaus Hoffers Roman „Bei den Bieresch". Dissertation. Epistemata. Würzburger wissenschaftliche Schriften, Reihe Literaturwissenschaft, Bd. 57. Würzburg.

Langen, A. (1968): Der Wortschatz des deutschen Pietismus. 2., ergänzte Aufl. Tübingen.

Lausberg, H. (1984): Elemente der literarischen Rhetorik. Eine Einführung für Studierende der klassischen, romanischen, englischen und deutschen Philologie. 8. Aufl. München.

Laussman, S. (1992): Das Gespräch der Zeichen. Studien zur Intertextualität im Werk E. T. A. Hoffmanns. Dissertation. München.

Lehmann, J. (1977): Ambivalenz und Dialogizität. Zur Theorie der Rede bei Michail Bachtin. In: Friedrich A. Kittler, Horst Turk (Hrsg.): Urszenen. Literaturwissenschaft als Diskursanalyse und Diskurskritik. Frankfurt/M., S. 355-380.

Lenz, B. (1985): Intertextualität und Gattungswechsel. Zur Transformation literarischer Gattungen. In: Broich, Pfister, S. 158-178.

Lero, R., Pastor, E. (1979): Die Initiation des romantischen Dichters. Der Anfang von Novalis' Heinrich von Ofterdingen. In: Ernst Ribbat (Hrsg.): Romantik. Ein literaturwissenschaftliches Studienbuch. Athenäum Taschenbücher Literaturwissenschaft, Bd. 2149. Königstein/Ts: Athenäum, S. 38-57.

Lindken, H. U. (1978): E. T. A. Hoffmann Das Fräulein von Scuderi. Erläuterungen und Dokumente, Bd. 8142. Stuttgart.

Lindner, M. (1985): Integrationsformen der Intertextualität. In: Broich, Pfister, S. 116-135.

Link, J. (1984): „Einfluss des Fliegens! - Auf den Stil selbst!". Diskursanalyse des Ballonsymbols. In: Ders., Wulf Wülfing (Hrsg.): Bewegung und Stillstand in Metaphern und Mythen. Fallstudien zum Verhältnis von elementarem Wissen und Literatur im 19. Jahrhundert. Sprache und Geschichte, Bd. 9, Stuttgart, S. 149-164.

Link, J. (1986): Noch einmal: Diskurs. Interdiskurs. Macht. In: kultuRRevolution. Zeitschrift für angewandte Diskursanalyse, Bd. 11, S. 4-7.

Link, J., Wülfing, W. (1984): Einleitung. In: Dies. (Hrsg.): Bewegung und Stillstand in Metaphern und Mythen. Fallstudien zum Verhältnis von elementarem Wissen und Literatur im 19. Jahrhundert. Sprache und Geschichte, Bd. 9. Stuttgart, S. 714.

Link, J. (1983): Elementare Literatur und generative Diskursanalyse. München.

Link, J. (1985): Literaturwissenschaftliche Grundbegriffe. Eine programmatische Einführung auf strukturalistischer Basis. 3. Aufl. München.

Link, J. (1988): Literaturanalyse als Interdiskursanalyse. Am Beispiel des Ursprungs literarischer Symbolik in der Kollektivsymbolik. In: Jürgen Fohrmann, Harro Müller (Hrsg.): Diskurstheorien und Literaturwissenschaft. Frankfurt/M., S. 284-307.

Link, J. (1984): Über ein Modell synchroner Systeme von Kollektivsymbolen sowie seine Rolle bei der Diskurs-Konstitution. In: Ders., Wulf Wülfing (Hrsg.): Bewegung und Stillstand in Metaphern und Mythen. Fallstudien zum Verhältnis von elementarem Wissen und Literatur im 19. Jahrhundert. Sprache und Geschichte, Bd. 9. Stuttgart, S. 63-92.

Lotman, J. M. (1972): Die Struktur literarischer Texte. München.

Mai, H.-P. (1991): Intertextual Theory - A Bibliography. In: Plett, S. 237-250.

Mai, H.-P. (1991): Bypassing Intertextuality. Hermeneutics, Textual Practice, Hypertext. In: Plett, S. 30-59.

Marsch, E. (1983): Die Kriminalerzählung. Theorie - Geschichte - Analyse. 2., durchgesehene u. erw. Aufl. München.

von Matt, B. (1985): Das Scheusal als Romanheld. Zum Roman „Das Parfum" von Patrick Süskind. In: Neue Zürcher Zeitung vom 15. März 1985.

Meier, F. (1993): Leben im Zitat. Zur Modernität der Romane Stendhals. Dissertation. Romanica Monacensia, Bd. 14. Tübingen.

Meister, M. (1990): Die Sprache, die nichts sagt und die schweigt. Literatur als Übertretung. In: Eva Erdmann, Rainer Forst, Axel Honneth (Hrsg.): Ethos der Moderne. Foucaults Kritik der Aufklärung. Frankfurt/M., S. 235-259.

Menke, B. (1993): Das Schweigen der Sirenen: Die Rhetorik und das Schweigen. In: Johannes Janota (Hrsg.): Methodenkonkurrenz in der germanistischen Praxis. Vorträge des Augsburger Germanistentags 1991 Kultureller Wandel und die Germanistik in der Bundesrepublik, Bd. 3. Tübingen.

Meyer, H. (1943): Der Typus des Sonderlings in der deutschen Literatur. Amsterdam.

Meyer, H. (1967): Das Zitat in der Erzählkunst. Zur Geschichte und Poetik des europäischen Romans. 2., durchgesehene Aufl. Stuttgart.

Moennighoff, B. (1991): Intertextualität im scherzhaften Epos des 18. Jahrhunderts. Dissertation. Palaestra. Untersuchungen aus der deutschen, englischen und skandinavischen Philologie, Bd. 293. Göttingen.

Morgan, T. E. (1985): Is there an intertext in this text?: Literary and interdisciplinary approaches to intertextuality. In: American Journal of Semiotics, Vol. 3, No. 4, S. 1-40.

Mukarovsky, J. (1970): Kapitel aus der Ästhetik. Frankfurt/M.

Müller, B. (1994): Komische Intertextualität. Die literarische Parodie. Dissertation. Horizonte. Studien zu Texten und Ideen der europäischen Moderne, Bd. 16. Trier.

Müller, H. (1988): Einige Notizen zu Diskurstheorie und Werkbegriff. In: Jürgen Fohrmann, ders. (Hrsg.): Diskurstheorien und Literaturwissenschaft. Frankfurt/M., S. 235-243.

Müller, J. E. (1990): Literaturwissenschaftliche Rezeptions- und Handlungstheorien. In: Klaus-Michael Bogdal (Hrsg.): Neue Literaturtheorien. Eine Einführung. Opladen, S. 176-200.

Müller, W. (1991): Namen als intertextuelle Elemente. In: Poetica. Zeitschrift für Sprach- und Literaturwissenschaft, Bd. 23, S. 139-165.

Müller, W. (1985): Interfigurality. A Study of the Interdependece of Literary Figures. In: Plett, S. 101-121.

Müller-Seidel, W. (1963): Nachwort. In: E. T. A. Hoffmann: Die Serapions-Brüder. Gesammelte Erzählungen und Märchen. Darmstadt, S. 999-1026.

Nies, F. (1982): Frage und Antwort als dialogische Struktur im Verhältnis von Autor zu Autor (Werk zu Werk). In: Lachmann, S. 185-189.

Nubert, R. (1986): Zur Intertextualitätspoetik - Ergebnisse der neuesten Forschung. In: Caiet de semiotica, Bd. 5, S. 63-74.

Nusser, P. (1992): Der Kriminalroman. 2., überarb. und erw. Aufl. Sammlung Metzler, Bd. 191. Stuttgart.

Ortheil, H.-J. (1994): Texte im Spiegel von Texten. Postmoderne Literaturen. Studieneinheit 30. In: Funkkolleg Literarische Moderne. Europäische Literatur im 19. und 20. Jahrhundert. Studienbrief 10. Tübingen.

Panofsky, E. (1975): Ikonographie und Ikonologie. Eine Einführung in die Kunst der Renaissance. In: Ders.: Sinn und Deutung in der bildenden Kunst. Köln, S. 36-67.

Parr, R. (1982): „Zwei Seelen wohnen, ach! in meiner Brust!". Strukturen und Funktionen der Mythisierung Bismarcks (1860-1918). München.

Piecheux, M. (1984): Metapher und Interdiskurs. Übertragung aus dem Französischen von Sebastian Isle. In: Jürgen Link, Wulf Wülfing (Hrsg.): Bewegung und Stillstand in Metaphern und Mythen. Fallstudien zum Verhältnis von elementarem Wissen und Literatur im 19. Jahrhundert. Sprache und Geschichte, Bd. 9. Stuttgart, S. 93-99.

Piecheux, M. (1983): Über die Rolle des Gedächtnisses als interdiskursives Material. Ein Forschungsprojekt im Rahmen der Diskursanalyse und Archivlektüre. Übersetzung und Bearbeitung von Harold Woetzel und Manfred Geier. In: Manfred Geier, Harold Woetzel (Hrsg.): Das Subjekt des Diskurses. Beiträge zur sprachlichen Bildung von Subjektivität und Intersubjektivität. Berlin, S. 50-58.

Peirce, Ch. S. (1993): Phänomen und Logik der Zeichen. Hrsg. und übersetzt von Helmut Pape. 2. Aufl. Frankfurt/M.

Perri, C. (1979): Allusion Studies. An International Bibliography, 1921-1977. In: Style, Vol. 13, S. 178-225.

Perri, C. (1978): On alluding. In: Poetics, Vol. 7, S. 289-307.

Petöfi, J. S., Olivi, T. (1988): Schöpferische Textinterpretation. Einige Aspekte der Intertextualität. In: Dies. (Hrsg.): Von der verbalen Konstitution zur symbolischen Bedeutung. Papiere zur Textlinguistik, Bd. 62. Hamburg, S. 335-350.

Pfeiffer, J. (1953): Wege zur Dichtung. Eine Einführung in die Kunst des Lesens. 4. Aufl. Berlin.

Pfister, M. (1985): How Postmodern is Intertextuality? In: Plett, S. 207-224.

Pfister, M. (1985): Konzepte der Intertextualität. In: Broich, Pfister, S. 1-30.

Pfister, M. (1994): Intertextualität. In: Dieter Borchmeyer, Viktor Zmegac (Hrsg.): Moderne Literatur in Grundbegriffen. 2., neubearb. Aufl. Tübingen, S. 215-218.

Pfister, M. (1985): Zur Systemreferenz. In: Broich, Pfister, S. 52-58.

Philosophisches Wörterbuch (1991). Bearbeitet von Georgi Schischkoff. 22. Aufl. Stuttgart.

Pikkzilik, L. (1987): E. T. A. Hoffmann als Erzähler. Ein Kommentar zu den „Serapions-Brüdern". Göttingen.

Plett, B. (1986): Die Kunst der Allusion. Formen literarischer Anspielungen in den Romanen Theodor Fontanes. Dissertation. Kölner Germanistische Studien, Bd. 23. Köln.

Plett, H. F. (1985): Intertextualities. In: Plett, S. 3-29.

Plett, H. F. (Hrsg.): Intertextuality. Research in Text Theory, Vol. 15. Berlin.

Plett, H. F. (1985): Sprachliche Konstituenten einer intertextuellen Poetik. In: Broich, Pfister, S. 78-98.

Plett, H. F. (1988): The Poetics of Quotation. In: Jänos S. Petöfi, Terry Olivi (Hrsg.): Von der verbalen Konstitution zur symbolischen Bedeutung. Papiere zur Textlinguistik, Bd. 62. Hamburg, S. 313-334.

Plett, H. F. (1979): Textwissenschaft und Textanalyse. Semiotik, Linguistik, Rhetorik. 2., verbesserte Aufl. Heidelberg.

Plumpe, G. (1992): Autor und Publikum. In: Helmut Brackert, Jörn Stückrath (Hrsg.): Literaturwissenschaft. Ein Grundkurs. Reinbek bei Hamburg, S. 377-391.

Plumpe, G. (1988): Kunst und juristischer Diskurs. Mit einer Vorbemerkung zum Diskursbegriff. In: Jürgen Fohrmann, Harro Müller (Hrsg.): Diskurstheorien und Literaturwissenschaft. Frankfurt/M., S. 330-345.

Pokern, U. (1988): Der Kritiker als Zirku(lation)sagent. Literaturkritik am Beispiel von Patrick Süskinds „Das Parfum. Die Geschichte eines Mörders". In: Über Literaturkritik. Text + Kritik. Zeitschrift für Literatur. Heft 100, S. 70-76.

Preisendanz, W. (1982): Zum Beitrag von R. Lachmann „Dialogizität und poetische Sprache". In: Lachmann, S. 25-28.

Privitera, W. (1990): Stilprobleme. Zur Epistemologie Michel Foucaults. Athenäums Monographien: Philosophie, Bd. 259. Frankfurt/M. 1990.

Psaar, W. (1980): Ernst Theodor August Hoffmann: Das Fräulein von Scuderi. In: Jakob Lehmann (Hrsg.): Deutsche Novellen von Goethe bis Walser. Interpretationen für den Deutschunterricht. Bd. 1: Von Goethe bis C. F. Meyer. Scriptor Taschenbücher Literatur + Sprache + Didaktik, S 155. Königsstein/Ts., S. 77-104.

Pugliese, A. O. (1988): Von der Hermeneutik zur Text-, Kontext- und Intertextanalyse. Eine Reflexion über literaturwissenschaftliche Methodologie und Methodik. In: Ilse Nolting-Hauff, Joachim Schulze (Hrsg.): Das fremde Wort. Studien zur Interdependenz von Texten. Amsterdam, S. 17-50.

Rajan, T. (1991): Intertextuality and the Subject of Reading/Writing. In: Jay Clayton, Eric Rothenstein (Hrsg.): Influence and Intertextuality in Literary History. Madison, S. 61-74.

Reich-Ranicki, M. (1985): Des Mörders betörender Duft. Patrick Süskinds erstaunlicher Roman „Das Parfum". In: Frankfurter Allgemeine Zeitung vom 2. März 1985.

Reinert, C. (1973): Das Unheimliche und die Detektivliteratur. Entwurf einer poetologischen Theorie über Entstehung, Entfaltung und Problematik der Detektivliteratur. Abhandlungen zur Kunst-, Musik- und Literaturwissenschaft, Bd. 139. Bonn.

Revzin, I. (1971): Das Schema einer Sprache mit endlich vielen Zuständen und die Möglichkeiten, es in der Poetik anzuwenden (zum Mechanismus der Parodie). In: Jens Ihwe (Hrsg.): Literaturwissenschaft und Linguistik. Ergebnisse und Perspektiven. Bd. 11/2: Zur linguistischen Basis der Literaturwissenschaft. Ars poetica. Texte und Studien zur Dichtungslehre und Dichtkunst, Bd. 8. Frankfurt/M., S. 587-602.

Riffaterre, M. (1990): Compulsory Reader Response: The Intertextual Drive. In: Michael Worton, Judith Still (ed.): Intertextuality. Theories and practices. Manchester, S. 56-78.

Riffaterre, M. (1980): Semiotics of Poetry. London.

Riffaterre, M. (1993): Kriterien für die Stilanalyse. In: Rainer Warning (Hrsg.): Rezeptionsästhetik. Theorie und Praxis. 4. Aufl. München, S. 163-195.

Ribbat, E. u. a. (1978): Die Romantik. Wirkungen der Revolution und neue Formen literarischen Autonomie. In: Viktor Zmegac (Hrsg.): Geschichte der deutschen Literatur vom 18. Jahrhundert bis zur Gegenwart. Bd. 1/2. Königsstein/Ts., S. 92-215.

Rodi, F. (1975): Anspielungen. Zur Theorie kultureller Kommunikationseinheiten. In: Poetica. Zeitschrift für Sprach- und Literaturwissenschaft, Bd. 7, S. 115-134.

Rohe, W. (1990): Roman aus Diskursen. Gottfried Keller „Der grüne Heinrich". Dissertation. München.

Rorty, R. (1989): Kontingenz, Ironie, Solidarität. Frankfurt/M.

Rotermund, E. (1963): Die Parodie in der modernen deutschen Lyrik. Dissertation. Münster/Westf.

Rothe, A. (1986): Der literarische Titel. Funktionen, Formen, Geschichte. Frankfurt/M.

Rusinko, E. (1979): Intertextuality: The Soviet Approach to Subtext. In: Dispositio, Vol. 4, No. 1112, S. 213-235.

Ryan, J. (1991): Pastiche und Postmoderne. Patrick Süskinds Roman Das Parfum. In: Paul Michael Lützeler (Hrsg.): Spätmoderne und Postmoderne. Beiträge zur deutschsprachigen Gegenwartsliteratur. Frankfurt/M., S. 91-103.

de Saussure, F. (1967): Grundfragen der Allgemeinen Sprachwissenschaft. Hrsg. von Charles Bally und Albert Sechshaye. 2. Aufl. Berlin.

Sauder, G. (1984): Geniekult im Sturm und Drang. In: Rolf Grimminger (Hrsg.): Deutsche Aufklärung bis zur Französischen Revolution 1680-1789. 2., durchgesehene Aufl. Hansers Sozialgeschichte der deutschen Literatur, Bd. 3, 1. Teilband. München, S. 327-340.

Schaar, C. (1978): Linear sequence, spatial structure, complex sign, and vertical context system. In: Poetics, Vol. 7, S. 377-388.

Schaar, C. (1975): Vertical context systems. In: Häkan Ringbom u .a. (Hrsg.): Style and Text. Studies represented to Nils Erik Enkvist. Stockholm, S. 146-157.

Schmeling, M. (1985): Textuelle Fremdbestimmung und literarischer Vergleich. In: Neohelicon. Acta comparationis litterarum universarum, Bd. 12, Heft, S. 231-239.

Schmid, H. (1970): Zum Begriff der ästhetischen Konkretisation im tschechischen Strukturalismus. In: Sprache im technischen Zeitalter, Bd. 36, S. 290-319.

Schmid, W. (1983): Sinnpotentiale der diegetischen Allusion. Alexsander Puschkins Posthalternovelle und ihre Prätexte. In: Schmid, Stempel, S. 140-187.

Schmid, W. (1973): Der Textaufbau in den Erzählungen Dostoevskijs. Beifhefte zur Poetica, Heft 10. München.

Schmid, W., Stempel, W.-D. (Hrsg.; 1983): Dialog der Texte. Hamburger Kolloquium zur Intertextualität. Wiener Slawistischer Almanach, Sonderband 11. Wien.

Schmidt, J. (1985): Die Geschichte des Genie-Gedankens in der deutschen Literatur, Philosophie und Politik 1750-1945. Bd. 2: Von der Romantik bis zum Ende des Dritten Reiches. Darmstadt.

Schmidt, S. J. (1976): Texttheorie. Probleme einer Linguistik der sprachlichen Kommunikation. 2., verbesserte u. ergänzte Aufl. München.

Schönhaar, R. F. (1965): Novelle und Kriminalschema. Ein Strukturmodell deutscher Erzählkunst um 1800. Dissertation. Marburg/Lahn.

Schütte, F., Schütte, W. (1985): Parabel und Gedankenspiel. Patrick Süskinds erster Roman „Das Parfum". In: Frankfurter Rundschau vom 5. April 1985, S. ZB 4.

Schulte-Middelich, B. (1985): Funktionen intertextueller Textkonstitution. In: Broich, Pfister, S. 197-242.

Schutte, J. (1985): Einführung in die Literaturinterpretation. Sammlung Metzler, Abteilung B: Literaturwissenschaftliche Methodenlehre, Bd. M 217. Stuttgart.

Schweikle, G., Schweikle, I. (Hrsg.; 1984): Metzler Literatur Lexikon. Stichwörter zur Weltliteratur. Stuttgart.

Seidlin, O. (1966): Eichendorffs symbolische Landschaft. In: Paul Stöcklein (Hrsg.): Eichendorff heute. Stimmen der Forschung mit einer Bibliographie. Darmstadt, S. 218-241.

Sieder, R. (1994): Sozialgeschichte auf dem Weg zu einer historischen Kulturwissenschaft? In: Geschichte und Gesellschaft. Zeitschrift für Historische Sozialwissenschaft, 20. Jg., Heft 3, S. 445-468.

Simon, H.-U. (1984): Zitat. In: Klaus Kanzog, Achim Masser (Hrsg.): Reallexikon der deutschen Literaturgeschichte. Bd. 4. Berlin, S. 1049-1081.

Sklovskü, V. (1969): Die Kunst als Verfahren. In: Jurij Strieder (Hrsg.): Texte der russischen Formalisten. Bd. L. Texte zur allgemeinen Literaturtheorie und zur Theorie der Prosa. München, S. 535.

Smirnov, I. P. (1983): Das zitierte Zitat. In: Schmid, Stempel, S. 273-290.

von Stackelberg, J. (1991): Formen produktiver Literaturrezeption. In: Martin Brunkhorst, Gerd Rohmann, Konrad Schoell (Hrsg.): Klassiker-Renaissance. Modelle der Gegenwartsliteratur. Stauffenberg-Colloquium, Bd. 22. Tübingen, S. 1-13.

Stadelmaier, G. (1985): Verbrecher aus verlorener Sphäre. Lebens-Riechlauf eines Duftmörders. Patrick Süskinds Roman „Das Parfum - Die Geschichte eines Mörders". In: Die Zeit, Nr. 12 vom 15. März 1985, S. 55.

Standford Friedman, S. (1991): Weavings: Intertextuality and the (Re)Birth of the Author. In: Jay Clayton, Eric Rothenstein (Hrsg.): Influence and Intertextuality in Literary History. Madison, S. 146-180.

Starobinski, J. (1980): Wörter unter Wörtern. Die Anagramme von Ferdinand de Saussure. Frankfurt/M..

Stempel, W.-D. (1983): Intertextualität und Rezeption. In: Schmid, Stempel, S. 85-109.

Stierle, K. (1977): Die Einheit des Textes. In: Helmut Brackert, Eberhard Lämmert (Hrsg.): FunkKolleg Literatur. Bd. 1. Frankfurt/M., S. 168-187.

Stierle, K. (1982): Die Struktur narrativer Texte. Am Beispiel von J. P. Hebels Kalendergeschichte „Unverhofftes Wiedersehen". In: Helmut Brackert, Eberhard Lämmert (Hrsg.): Funkkolleg Literatur. Bd. 1. Frankfurt/M., S. 210-233.

Stierle, K. (1975): Text als Handlung. Perspektiven einer systematischen Literaturwissenschaft. München.

Stierle, K. (1983): Werk und Intertextualität. In: Schmid, Stempel, S. 7-26.

Still, J., Worton, M. (1990): Introduction. In: Dies. (Hrsg.): Intertextuality. Theories and practices. Manchester, S. 1-44.

Stückrath, J. (1984): Der literarische Held als Leser. Ein historisch-typologischer Prospekt. In: Michael Krejci, Karl Schuster (Hrsg.): Literatur - Sprache - Unterricht. Bamberg, S. 102-108.

Suchsland, I. (1992): Julia Kristeva zur Einführung. Zur Einführung, Bd.74. Hamburg:.

Suerbaum, U. (1988): Fiktion der Intertextualität. Text im Text bei Daniel Defoe. In: Ilse Nolting-Hauff, Joachim Schulze (Hrsg.): Das fremde Wort. Studien zur Interdependenz von Texten. Amsterdam, S. 257-275.

Suerbaum, U. (1985): Intertextualität und Gattung. Beispielreihen und Hypothesen. In: Broich, Pfister, S. 58-77.

Suerbaum, U. (1993): Text, Gattung, Intertextualität. In: Bernhard Fabian (Hrsg.): Ein anglistischer Grundkurs. Einführung in die Literaturwissenschaft. 7., völlig neu bearb. Aufl. Berlin, S. 81-123.

Thalmann, M. (1949): E. T. A. Hoffmanns „Fräulein von Scuderi". In: Monatshefte für Deutschen Unterricht, Deutsche Sprache und Literatur. Vol. 41, No. 2, S. 107-116.

Timm, E. (1992): Das Lyrische in der Dichtung. Norm und Ethos der Gattung bei Hölderlin, Brentano, Eichendorff, Rilke und Benn. München.

Titzmann, M. (1977): Strukturale Textanalyse. Theorie und Praxis der Interpretation. München.

Todorov, T. (1984): Mikhail Bakhtin. The Dialogical Principle. Theory and History of Literature, Bd. 13. Manchester.

Tynjanov, J. (1967): Die literarischen Kunstmittel und die Evolution der Literatur. Frankfurt/M.

Ueding, G. (1988): Klassik und Romantik. Deutsche Literatur im Zeitalter der Französischen Revolution 1789-1815. Hansers Sozialgeschichte der deutschen Literatur vom 16. Jahrhundert bis zur Gegenwart, Bd. 4. München.

Vargas Llosa, M. (1987): Der Geschichtenerzähler. Frankfurt: Suhrkamp.

Verweyen, Th. (1973): Eine Theorie der Parodie. Am Beispiel Peter Rühmkorfs. Kritische Informationen, Bd. 6. München.

Verweyen, Th., Witting, G. (1987): Die Kontrafaktur. Vorlage und Verarbeitung in Literatur, bildender Kunst, Werbung und politischem Plakat. Konstanzer Bibliothek, Bd. 6. Konstanz.

Verweyen, Th., Witting, G. (1979): Die Parodie in der neueren deutschen Literatur. Eine systematische Einführung. Darmstadt.

Verweyen, Th., Witting, G. (1982): Parodie, Palinodie, Kontradiktio, Kontrafaktur - Elementare Adaptionsformen im Rahmen der Intertextualitätsdiskussion. In: Lachmann, S. 202-236.

Volosinov, V. N. (1975): Marxismus und Sprachphilosophie. Grundlegende Probleme der soziologischen Methode in der Sprachwissenschaft. Hrsg. u. eingeleitet von Samuel M. Weber. Frankfurt/M.

Warning, R. (1993): Rezeptionsästhetik als literaturwissenschaftliche Pragmatik. In: Ders. (Hrsg.): Rezeptionsästhetik. Theorie und Praxis. 4. Aufl. München, S. 9-41.

Wellbery, D. E. (1992): Zur literaturwissenschaftlichen Relevanz des Kontingenzbegriffs. Eine Glosse zur Diskussion um den Poststrukturalismus. In: Klaus W. Hempfer (Hrsg.): Poststrukturalismus - Dekonstruktion - Postmoderne. Text und

Kontext. Romanische Literaturen und Allgemeine Literaturwissenschaft, Bd.9. Stuttgart, S. 161-169.

Welsch, W. (1988): „Postmoderne". Genealogie und Bedeutung eines umstrittenen Begriffs. In: Peter Kemper (Hrsg.): 'Postmoderne' oder Der Kampf um die Zukunft. Die Kontroverse in Wissenschaft, Kunst und Gesellschaft. Frankfurt/M., S. 9-36.

Werner, R., Schulte-Sasse, J. (1987): Einführung in die Literaturwissenschaft. 5. Aufl. München.

Wiethölter, W. (1992): Hut, Hütchen oder alter Hut? Anmerkungen zum Thema „Intertextualität". In: Frankfurter Rundschau vom 30. Juni 1992, S. 16.

Willems, G. (1993): Die postmoderne Rekonstruktion des Erzählens und der Kriminalroman. Über den Darstellungsstil von Patrick Süskinds Das Parfum. In: Wolfgang Düsing (Hrsg.): Experimente mit dem Kriminalroman. Ein Erzählmodell in der deutschsprachigen Literatur des 20. Jahrhunderts. Studien zur Deutschen Literatur des 19. und 20. Jahrhunderts, Bd. 21. Frankfurt/M., S. 223-244.

von Wilpert, G. (1979): Sachwörterbuch der Literatur. 6., verbesserte und erw. Aufl. Stuttgart.

Wilske, L., Krause, W.-D. (1987): Intertextualität als allgemeine und spezielle Texteigenschaft. In: Wissenschaftliche Zeitschrift der Pädagogischen Hochschule Karl Liebknecht Potsdam, Bd. 39, Heft 5, S. 890-895.

Wührl, P.-W. (1982): Madame kann nicht sterben. In: Mitteilungen der E. T. A. Hoffmann-Gesellschaft e. V., Bd. 28, S. 85-87.

Wülfing, W., Bruns, K., Parr, R. (1991): Historische Mythologie der Deutschen 1798-1918. München.

Wuff, H. J. (1985): Zur Textsemiotik des Titels. 3., erw. Aufl. Papiere des Münsteraner Arbeitskreises für Semiotik (papmaks), Bd. 12. Münster.

Wuthenow, R.-R. (1980): Im Buch die Bücher oder Der Held als Leser. Frankfurt/M.

Zander, H. (1985): Intertextualität und Medienwechsel. In: Broich, Pfister, S. 178-196.

Zima, P. V. (1991): Literarische Ästhetik. Methoden und Modelle der Literaturwissenschaft. Tübingen.

Zima, P. V. (1977): „Rezeption" und „Produktion" als ideologische Begriffe. In: Ders. (Hrsg.): Textsemiotik als Ideologiekritik. Frankfurt/M., S. 271-311.

Zima, P. V. (1980): Textsoziologie. Eine kritische Einführung. Sammlung Metzler, Abteilung B: Methodenlehre, Bd. M 190. Stuttgart.

Zimmermann, K. (1978): Erkundungen zur Texttypologie. Mit einem Ausblick auf die Nutzung einer Texttypologie für eine Corpustheorie. Forschungsberichte des Instituts für Deutsche Sprache Mannheim, Bd. 39. Tübingen.

Zimmermann, W. (1967). Joseph von Eichendorffs „Mondnacht", Ingeborg Bachmanns „Anrufung des großen Bären" und Paul Celans „Matiere de Bretagne" als Beispiele religiöser Lyrik in Vergangenheit und Gegenwart. In: Bohnsack, R., Heeger, H. und Heiann, W. (Hrsg.). Gestalt - Gedanke - Geheimnis. Festschrift für Johannes Pfeiffer zum 65. Geburtstag. Berlin, S. 387-398.

Ziolkowski, Th. (1980). Figuren auf Pump. Zur Fiktionalität des sprachlichen Kunstwerkes. In: Rupp, H. und Roloff, H.-G. (Hrsg.). Akten des VI. Internationalen Germanisten Kongresses Basel. Teil 1. Jahrbuch für Internationale Germanistik. Reihe A: Kongressberichte, Bd. 8. Bern, S. 166-176.

VS Forschung | VS Research
Neu im Programm Soziologie

Ina Findeisen
Hürdenlauf zur Exzellenz
Karrierestufen junger Wissenschaft-
lerinnen und Wissenschaftler
2011. 309 S. Br. EUR 39,95
ISBN 978-3-531-17919-3

David Glowsky
Globale Partnerwahl
Soziale Ungleichheit als Motor
transnationaler Heiratsentscheidungen
2011. 246 S. Br. EUR 39,95
ISBN 978-3-531-17672-7

Grit Höppner
Alt und schön
Geschlecht und Körperbilder
im Kontext neoliberaler Gesellschaften
2011. 130 S. Br. EUR 29,95
ISBN 978-3-531-17905-6

Andrea Lengerer
Partnerlosigkeit in Deutschland
Entwicklung und soziale Unterschiede
2011. 252 S. Br. EUR 29,95
ISBN 978-3-531-17792-2

Markus Ottersbach /
Claus-Ulrich Prölß (Hrsg.)
**Flüchtlingsschutz als globale
und lokale Herausforderung**
2011. 195 S. (Beiträge zur Regional-
und Migrationsforschung) Br. EUR 39,95
ISBN 978-3-531-17395-5

Tobias Schröder / Jana Huck /
Gerhard de Haan
Transfer sozialer Innovationen
Eine zukunftsorientierte Fallstudie zur
nachhaltigen Siedlungsentwicklung
2011. 199 S. Br. EUR 34,95
ISBN 978-3-531-18139-4

Anke Wahl
Die Sprache des Geldes
Finanzmarktengagement
zwischen Klassenlage und Lebensstil
2011. 198 S. r. EUR 34,95
ISBN 978-3-531-18206-3

Tobias Wiß
**Der Wandel der
Alterssicherung in Deutschland**
Die Rolle der Sozialpartner
2011. 300 S. Br. EUR 39,95
ISBN 978-3-531-18211-7

 Springer VS

The manufacturer's authorised representative in the EU is Springer
Nature Customer Service Centre GmbH, Europaplatz 3, 69115 Heidelberg,
Germany. If you have any concerns regarding our products, please
contact ProductSafety@springernature.com

Printed and bound by CPI Group (UK) Ltd, Croydon, CR0 4YY
27/04/2026
02097650-0008